풍자화로 보는 세계사: 1898

풍자화로 보는 세계시 : 1898

초판 제1쇄 인쇄 2017. 2. 10.
초판 제2쇄 발행 2019. 4. 5.

지은이   석 화 정
펴낸이   김 경 희

경 영   강 숙 자
편 집   전 영 조
영 업   문 영 준
경 리   김 양 헌
펴낸곳   (주)지식산업사
            본사 ● 10881, 경기도 파주시 광인사길 53
             전화 (031) 955-4226~7 팩스 (031)955-4228
            서울사무소 ● 03044, 서울특별시 종로구 자하문로6길 18-7
             전화 (02)734-1978 팩스 (02)720-7200
            한글문패 지식산업사
            영문문패 www.jisik.co.kr
            전자우편 jsp@jisik.co.kr
            등록번호 1-363
            등록날짜 1969. 5. 8.

책값은 뒤표지에 있습니다.

ISBN 978-89-423-9022-9 (93900)

이 책을 읽고 저자에게 문의하고자 하는 이는
지식산업사 전자우편으로 연락바랍니다.

풍자화로 보는 세계사: 1898

석 화 정

지식산업사

늘어가며

2005년 새해 벽두 필자가 미국 퀘이커 공동체인 필라델피아 펜들 힐(Pendle Hill)에 도착했을 때였다.

"부시 대통령이 재선되어 대단히 유감입니다(It's very unfortunate for all of us that George W. Bush is the president of us)!"

펜들 힐에서 처음 만난 미국인들은 필자를 비롯 전 세계 각지에서 온 외국인 장기 체류생(resident student)들과 일일이 악수하며 사과의 말을 전했다. 미국인들은 마치 전 세계에 죄라도 지은 듯 미안해했다. 돌이켜보면 이 책을 쓰게 된 작은 출발점도 미국인들의 숙연한 모습에서 받은 일종의 '문화 충격'에서 비롯한 듯하다.

펜들 힐 뒤편으로 산 하나를 넘어가면 명문 스와스모어 대학교 (Swarthmore College)가 있다. 대학 건물 주차장에 즐비하게 서 있던 자동차마다 어김없이 '부시에 반대한다(Against Bush)'는 큼지막한 스티커가 뒷 유리에 붙어 있었다. 이라크 전쟁 중인 부시행정부가 재집권하게 된데 대한 저항의 메시지였다. 펜들 힐도 스와스모어 대학교도 모두 민주당의 표밭인가? 적잖이 놀랐다.

2001년, 뉴욕 세계무역센터에 대한 '9/11 테러' 이후 부시 행정부는 '자유'를 위한 대테러 전쟁을 수행해왔다. 당시 어떤 여론조사를 봐도 이라크전쟁을 지지하는 미국인은 과반수에 간신히 머물고 있었다. 그런 부시가 대통령 재선에 성공했으니 이라크전쟁을 지속시킬 명분을 국민들로부터 확보한 셈이었다.

그 해 1월 23일자 뉴욕 타임스에는 '제한 없는 전쟁(War without limit)'에 반대하는 저항인사의 명단과 함께 '우리의 이름으로 말하지 말라(NOT IN OUR NAME)'는 양심선언(A Statement of Conscience)이 게재되었다. 부시 정부에 저항하는 목소리를 높인 이들은 노암 촘스키, 에드워드 사이드, 하워드 진 등의 역사학자, 비평가, 문화예술계 인사를 포함한 지식인 9천여 명이었다. 깨알 같은 글씨로 한 면 가득 게재된 선언문의 골자는 다음과 같다.

" (…) 그(George W. Bush)는 우리를 대변하지 않는다(He does not speak for us). 우릴 대표하지도 않는다(He does not represent us). 우리 이름으로 행동하지도 않는다(He does not act in our name). (…) 부시 정권이 이런 비참한 과정(이라크 전쟁)을 이행하지 못하도록 하는 것은 우리의 책임이다(It is our responsibility to stop the Bush regime from carrying out this disastrous course). (…) 역사는 단호하게 행동하지 못한 우리를 심판할 것이라 믿는다(We believe history will judge us sharply should we fail to act decisively)."

미국뿐 아니었다. 테러 배후가 명확하게 밝혀지지 않은 채 진행되는 전쟁에 대한 불안감은 전 세계로 확산되었다. 많은 사람들이 의혹의 눈길을 보냈다. 전쟁은 지속되었고, 사담 후세인이 처형되고서도 수년이 지난 2010년에야 미국의 이라크 철수가 이루어졌다.

이라크 전쟁을 저지하지 못했던 이들은 역사에 어떻게 기록될까. 미국 지식인들이 단언했던 것처럼 역사의 죄인이 될까. 역사는 대체로 주류의 기억만을 남기는 경향이 있다. 19~20세기 제국주의 식민 지배의 상흔은 여전히 곳곳에 남아있다. 그것이 우리가 마주한 21세기 동북아의 현실이기도 하다. 그렇다면 제국주의가 절정에 달했던 1898년을 우리는 어떻게 기억하고 있는가.

◆

전 세계의 80퍼센트 이상이 강대국에 따라 분할된 제국주의 절정의 해. 프랑스 정치평론가이자 사회이론가인 레몽 아롱(Raymond Aron, 1905~1985)은 1898년을 두고 "유럽 열강이 마치 통을 거꾸로 엎어 놓고 그 밑바닥을 서로 긁어내기 위해 다투던 해"라 묘사한 바 있다. 그렇지만 1898년은 어쩌면 그 자체로 가장 강력한 반(反)제국주의 시대였을 지도 모른다. 마치 이라크전쟁이 지속되는 와중에도 수많은 사람들이 끊임없이 반대의 목소리를 냈던 것처럼.

역사에는 주류와 그에 반하는 흐름이 공존한다. 1898년 역사의 대세는 어떤 것이었을까. 무엇이 역사의 주류를 만드는 것일까. 제국주의 시대에 국가의 영광과 권위를 드높인 강대국과 제국의 그림자 속에서 신음한 약소국들이 내내 머릿속을 스쳐 지나갔다.

역사를 움직이는 힘에 대한 의문들이 꼬리에 꼬리를 물고 머릿속을 맴도는 가운데, 1898년의 신문과 잡지에 실린 이미지 자료에 집중했다. 과연 1898년은 대형 정치풍자화(政治諷刺畵, political cartoon)들이 신문과 잡지 1면을 도배하다시피 한 역사상 초유의 해였다. 풍자가 담긴 이미지는 웃음과 해학의 카타르시스를 제공한다. 독자가 쉽게 공감할 수 있는 생명력 또한 가졌다. 그렇다면 1898년의 풍자화는 그 시대를 살아가던 사람들에게 어떤 메시지였을까.

이 책은 1898년에 초점을 맞추어 역사의 의문에 스스로 답해 본 일종의 실험적 보고서이다. 1898년 전후의 종적인 시간의 역사보다는 1898년 세계사 현장을 횡적인 공간의 역사로 따라가 보았다. 정치풍자화를 중심으로 1898년의 공간을 파노라마처럼 펼쳐 제국주의 절정의 해를 '있는 그대로' 보여주고자 한다. 여기에 소개하는 이백여 점의 정치풍자화는 1898년의 세계를 그림으로 말해주는 역사 자료이다. 필자는 단지 과거의 메시지를 독자들에게 전달하는 중간 전달자일 뿐이다.

책에 수록한 자료의 상당 부분은 미 스탠포드대학 도서관(특히 SAL 2/3)과 동(同)대학 후버연구소(Hoover Institution)도서관과 하와이대학(UH Manoa)도서관에서 수집했다. 일본 국회도서관, 요코하마 개항자료관, 호세이(法政) 대학의 오오하라(大原) 사회문제연구소, 홋카이도(北海道) 대학 슬라브연구센터 등에서도 많은 자료들을 입수했다. 영국, 독일, 오스트리아, 프랑스 등의 자료들은 잡지와 화보집에서, 그리고 문서고에서 제공하는 온라인 디지털 신문과 잡지를 활용했다.

이제는 더 이상 예전처럼 낡은 신문을 일일이 넘겨가며 축소 확대 복사를 하지 않아도 되고, 마이크로필름이나 마이크로피시(microfiche)를 검색하지 않아도 된다. 역사는 문을 두드리는 이에게 기꺼이 그 비밀을 속삭여준다. 각국 국립문서고·의회도서관의 디지털 문서고에 들어가면 그야말로 수백만 건의 데이터가 우르르 쏟아지는 빅데이터의 시대인 것이다. 컴퓨터 앞에 앉아 저인망(底引網)으로 훑다 보면 줄기를 당기면 주렁주렁 달려 나오는 감자알처럼 과거의 자료들이 눈앞에 펼쳐진다. 오스트리아 국립문서고에는 17세기경부터 발행된 신문과 잡지 자료가 모두 디지털화되어 있다. 옛 신문을 온라인으로 서비스하는 최고의 도서관은 미(美) 의회도서관이다. 이곳에 등재된 약 2000여종의 디지털 신문 자료를 통해 문헌 연구의 공백을 상당부분을 메울 수 있었다.

◆

무엇보다도 눈에 띄지 않는 곳에서 수고한 이들에게 경의를 표하고 싶다. 수백만 점의 자료를 일일이 디지털화하는 전 세계 도서관 프로젝트 수행자들의 노고가 있었기에 이 책이 나올 수 있었다. 최신 자료를 신속하게 제공해주는 공군사관학교 도서관의 사서 분들께도 늘 감사한 마음이다. 공군사관학교 지역연구학과의 조영준 교수는 독일과 오스트리아의 난해한 풍자화 번역을 기꺼이 맡아주셨다. 영·미권의 유머 코드와 달리 중의적인 해학 코드 번역이 어려운 독일과 오스트리아의 고어(古語) 자료들을 흔쾌히 번역해주신 열정과 수고에 깊이 감사드린다.

출간을 기꺼이 허락해주신 지식산업사의 김경희 사장께 깊이 감사드린다. 손이 많이 가는 이미지 교정 작업과 편집에 애쓴 편집부 전영조 님의 긴 노력에도 감사하다. 허구한 날 풍자 이미지 세계에 빠져 사는 필자의 뒷모습만 보고 사는 남편 유동종과 딸 승민에게는 새삼 미안한 마음이다. 《풍자화로 보는 러일전쟁》의 후속편이 나왔으면 좋겠다던 익명의 독자들과 공군사관학교 64기, 65기 생도들 그리고 지인들의 격려에도 감사의 마음을 전한다.

출간을 목전에 둔 시점에서 2016년의 세계사 또한 1898년만큼이나 역사의 중요한 변곡점이 되지 않을까 전망해본다. 영국의 브렉시트(유럽연합 탈퇴)의 충격이 채 가시기도 전에 신고립주의를 주창한 도널드 트럼프가 미국대통령으로 당선되었다. 1898년에 신·구 제국주의의 바통을 주고받으며 영·미 우의를 기초로 20세기를 주도하고, 세계화의 선봉에 섰던 두 나라였다. 이제 영국민과 미국민이 나란히 세계화를 거스르는 자국민 우선주의를 선택했다. 영·미 두 나라가 이제까지와는 또 다른 방향으로 세계사의 흐름을 주도하는 걸까.

마음을 움직이는 힘은 작고 미미해보이지만 태산을 움직이게도 한다. 과거의 역사는 과거로 끝나지 않고 현재 속에 살아 있다. 제국의 영광과 제국의 그림자 속에서 1898년을 살았던 사람들의 메시지가 오늘을 사는 우리들에게도 작은 울림이 될 수 있지 않을까. 독자의 따끔한 질정(叱正)을 기다린다.

목차

제10장 제국의 영광, 제국의 그림자 ·················· 289

풍자 세계 속 제국

▲독일(독수리), 러시아(곰), 프랑스(닭)의
　청국 분할

▲러시아에 조차(租借)를 허가한 청국
　을 다그치는 영국

▲크레타(소녀) 문제를 거래하는 러시아
　와 터키

▲청국이라는 뼈(CHINA)를 놓고 다투는
　영국(사자)과 러시아(곰)

▲한반도 이권을 나누는 일본과 러시아

▲영국과 미국의 연대

▲스페인과 미국

▲세계사 현장에서 같은 편에 선 미국,
일본, 영국

제1장 떠오르는 제국, 지는 제국

19세기 마지막 사반세기 동안 유럽 열강은 전 세계에 영향력을 넓히려 그야말로 불꽃 튀는 경쟁을 벌였다. 다른 나라를 강제로 지배하는 제국주의가 전 세계로 팽창한 결과 지표면의 4분의 1 이상이 유럽의 지배를 받게 되었다. 1898년에 이르자 세계적인 식민지 분할경쟁과 더불어 제국의 부침(浮沈)이 명확해졌다.

스페인·포르투갈·청 제국·터키 제국은 쇠퇴하고, 독일·벨기에·이탈리아·미국·일본 등 새 강대국들이 등장했다. 유럽과 아시아·아프리카에 걸친 대제국을 거느리던 오스만 터키 제국(이하 터키 제국)은 베를린 회의(1878) 이후 자국의 유럽 영토를 거의 상실했다. 터키 제국은 발칸 전쟁(1912~1913)을 거치며 발칸반도의 영토도 상실했다. 아시아에서는 청 제국과 무굴 제국(오늘날 인도)이 쇠락의 길을 걸었다. 아프리카 대륙의 거대한 영토가 이집트를 시작으로 유럽의 식민지가 되었다.

정치, 군사, 경제, 문화의 다양한 방면에서 전개된 유럽의 팽창은 긍정적인 결과와 부정적인 결과를 동시에 남겼다. 유럽 언어 가운데 영어가 점차 정치, 경제 분야 엘리트들의 공용어가 되었다. 세계 전역의 표준 시간대는 영국의 그리니치 표준시(GMT)를 기준으로 몇 시간을 더하거나 빼는 방식으로 표기하게 되었다. 유럽을 기준으로 한 '근동(Near East)', '중동(Middle East)', '극동(Far East)'이란 지역의 이름은 아시아의 관점에서 보면, '소아시아(Minor Asia)', '서아시아(West Asia)', '동아시아(East Asia)'이다.

유럽의 교역은 식민지에 건설한 항구, 도로, 철도 등을 통해 확대되었다. 유럽의 기술이 식민지에 도입되면서, 유럽 제품에 대한 식민지인들의 수요가 증가했다. 그렇지만 이 모든 것은 전통적인 지배체제를 무너뜨렸을 뿐만 아니라, 무엇보다 식민지가 된 지역의 전통, 자치, 독립, 민족 자존심에 큰 타격을 입혔다.

이런 현상이 보편화했던 시기를 역사에서는 '제국주의 시대'라고 일컫는다. 이탈리아와 독일이 통일이 된 1860~1870년대 이후 제1차 세계대전이 발발한 1914년에 이르는 시기이다. 한 나라가 자국의 경계를 넘어 다른 나라를 침범하는 공식적 제국주의(formal imperialism)는 역사에서 늘 되풀이되어 왔다. 그러나 19세기 중엽 이후의 제국주의는 '눈에 보이는 않는', '일정한 형태가 없는 비공식적(informal)' 침투였다는 점에서 이전의 제국주의와 구별하여 '신 제국주의(new imperialism)'라 부른다.

신 제국주의는 철도 부설, 외교 및 협정, 그리고 세력권(Spheres of Influence)을 형성하며 간접적으로, 경제적으로 침투하고 지배한 제국주의였다. 일단 외교와 협정으로 일정기간 빌리는 조차지(leased territory) 형식으로 세력권을 확보하면, 강대국들이 차지한 정치, 경제, 문화, 군사 우위의 독점적 지위 때문에 약소국의 영토는 곧바로 해당 강대국의 반(半)식민지로 전락하기 일쑤였다.

그렇기 때문에 신 제국주의는 19세기 중엽 이전의 구 제국주의보다 훨씬 더 교묘했고 비용도 많이 들었다. 철도 부설권을 따내고자 자국의 정치·경제적 영향력을 행사하며, 강대국끼리 일방적인 동맹, 외교, 협상으로 조차지 경쟁을 벌였다. 조차지를 확보하면 그 곳에 철도를 부설하고, 철도를 부설하기 위해 자원개발권과 이를 지키기 위한 군대 및 경찰 주둔권, 행정권 등 치외법권 등을 차례차례 독점해나가는 방식이었다. 1898년은 이처럼 강대국들의 세력권 확보 경쟁으로 전 세계적으로 열강의 식민지 분할이 절정에 달한 해였다.

I. 제국주의 정글

그림1 정글에서의 위협적인 반란(The Threatened Revolt in the Jungle)

1898년에 떠오르는 제국과 지는 제국의 모습이 위 그림 한 장에 나타나 있다. 커다란 왕관을 쓴 영국 사자ⓐ가 널찍한 바위 위에 홀로 앉아 있다. 영국 사자의 몸집과 위용이 타의 추종을 불허하듯 크게 묘사되어 있다. 마치 왕좌에 앉은 듯 몸집이 크고 위풍당당하다. 영(英) 제국은 19세기 말까지도 여전히 식민 제국 최강자의 위치를 지킨, '해가 지지 않는' 제국이었다. 영 제국의 인구는 세계 인구의 약 1/4에 달했다.

영국 사자의 뒤편에 있는 미국 독수리ⓑ는 신중한 표정으로 열강의 여론을 예의 주시하는 모습이다. 오른쪽 하단의 왜소한 체구의 스페인 원숭이ⓒ는 몰락한 스페인 제국을 의미한다. 스페인 원숭이는 숲 속 회의에 끼지도 못한 채 부러진 나무 그루터기에 홀로 앉아 잔뜩 주눅이 는 모습이다. 스페인의 의기소침한 모습과 비록 영 제국의 뒤편에 있지만 신흥제국으로 우뚝 선 미국의 모습이 대조적이다.

이 그림의 제목은 '정글에서의 위협적인 반란(The Threatened Revolt in the Jungle)'이다. 반란의 이슈가 구체적으로 무엇인지에 대한 설명은 없지만, 미국–스페인전쟁(이하 미서전쟁)의 강화조약 체결이 임박한 시점에서 이 풍자화가 등장했다. 그렇다면 세계 최강의 영 제국과 새롭게 등장한 미 제국에 대한 여타 국가들의 위협적인 반란인가. 다른 열강과는 달리 영국과 미국이 한 곳을 바라보며 회의를 지켜보는 모습에서 20세기가 이 두 나라의 우의와 협력에 의해 주도될 것임이 예견된다.

프랑스 원숭이ⓓ는 같은 구 제국 스페인을 옹호하며 반란을 주도하듯 목청을 높여 무언가를 격렬하게 발언하고 있다. 제국주의 정글 속 회의에서 변혁을 주도하는 나라는 프랑스이다. 프랑스는 대혁명(1789~1799) 이래 19세기에도 여전히 혁명의 진원지였다. 1830년의 7월 혁명, 1848년의 2월 혁명, 1871년의 파리 코뮌(Paris Commune)이 그것이다. 프랑스는 1898년 9월 아프리카 파쇼다에서 영국과 가까스로 충돌을 모면했다. 독일 코뿔소ⓔ, 러시아 곰ⓕ, 체구가 작은 이탈리아 원숭이ⓖ, 왜소한 노인 모습의 오스트리아 원숭이ⓗ가 프랑스 원숭이의 발언에 귀를 기울이고 있다.

그런가 하면, 몸집이 큰 터키 제국 코끼리ⓘ도 조용히 회의를 지켜보고 있다. 몸집은 크지만 이미 극도로 약체가 된 터키는 서구 열강의 협조체제(Concert of Europe) 때문에 간신히 제국을 유지하고 있다. 기린 일본ⓙ도 기다란 목을 뺀 채 열강의 회의에 참석 중이다. 뒤편으로는 중국 하마ⓚ가 서 있고, 그 밖의 몇몇 동물들도 정글 회의를 주시하고 있다. 이 동물들의 복장에 국명이 붙어 있으므로 상징동물의 의미에 대해 더 논할 필요는 없지만, 체구가 크고, 나이 든 모습의 동물들은 주로 지는 제국, 구 제국을 상징한다.

이 그림은 19세기를 풍미한 미국의 정치풍자화가 조셉 케플러(Joseph Keppler, 1838~1894)가 창간한 《퍽 Puck》(1871~1918)지에 실려 있다. '(핵심을) 찌르다(puck)' 즉 풍자를 의미하는 《퍽》지의 이미지들은 아주 밝고 화사하면서도 투명한 수채화로, 이 풍자화의 크기만도 44×30cm에 달한다. 《퍽》지에는 이 같은 초대형의 정치풍자화들이 제1면 또는 속지의 양면에 걸쳐 실리곤 했다. 1898년에 정치 풍자화의 위력이 어느 정도였을지 짐작할 수 있지 않을까.

2. 유럽과 아시아의 '환자' – 터키 제국과 청 제국

19세기 유럽 국제관계의 많은 이슈들은 터키 제국(1299~1922)이 해체될 경우를 가정한 영토 귀속 문제와 관련이 있었다. 이를 동방문제(Eastern Question)라 한다. 당시 터키 제국은 유럽, 아시아, 그리고 아프리카에 방대한 영토를 소유하고 있었다. 터키 제국의 유럽 영토는 현 알바니아, 마케도니아 등이 속한 발칸반도 남부, 아시아의 영토는 옛 메소포타미아 지역, 쿠르디스탄, 그리고 오늘날 시리아 지역 등을 포함했다. 거대한 영토를 가졌으면서도 언제 해체될지 모르는 위기에 처한 터키 제국은 19세기 내내 '유럽의 병자'로 불렸다. 러시아 황제 니콜라이 1세(1825~1855 제위)가 터키 제국을 중병에 걸린 '환

그림2 또 다른 '환자'
(Another 'Sick Man')

그림3 도망간 칠면조 한 마리
(One Turkey That Escaped)

자(Sick Man)'로 일컬은 이후 이 별칭은 곧 유럽에서 일반화되었다. 터키 제국이 해체된다면, 그 방대한 영토를 누가 차지할 것인가, 어떻게 나눌 것인가. 이것이 바로 19세기 '동방문제'였다.

　서아시아와 소아시아에서 '유럽의 환자' 터키 제국이 저무는 사이에, **그림2**처럼 동아시아에서는 '아시아의 환자'인 청 제국 역시 목발에 의지하고 있다. 1898년에 청 제국이 열강의 조차지로 해체될 위기에 봉착하자, 터키 제국의 황제 술탄(Sultan)이 청 제국에 조언하고 있다. "나처럼 유럽의 협조(concert of Europe)가 필요하겠군." 유럽 열강의 이해가 치열하게 상호 대립하기 때문에 터키 제국이 분할을 피하고 있는 것처럼, 청 제국도 분할을 막으려면 유럽 국가들의 상호 견제가 필요할 것이라며 비꼰 것이다.

　그림3을 보면 청 제국(CHINA)을 의미하는 가금(家禽)이 러시아의 손에 잡혀 있다. 그러나 터키 제국을 상징하는 칠면조는 유럽 열강의 손

아귀에서 빠져 나와 도망간 것으로 묘사되어 있다. **그림2**와 **그림3**은 유럽 국가들의 공통된 이익을 위한 국제질서, 즉 '유럽의 협조 체제' 덕택에 제국의 분할이 지연되었다는 역설적인 풍자이다.

19세기 중엽 이래 이미 빈사상태에 있던 터키 제국과 청 제국은 둘 다 위로부터의 서구화에 실패하고 유럽 국가들로부터 거대한 차관이 유입되어 막대한 채무를 지게 되었다는 점에서 공통점이 있었다. 두 제국 모두 유럽식 군사·경제체제로 재편될 운명에 놓였던 점도 닮았다. 1898년, 열강의 조차지로 분할되었던 청 제국은 1911년 신해혁명으로 붕괴되었다. 1918년에 터키 제국은 제1차 세계대전의 패전국으로, 1923년에 공화국으로 재편되었다.

3. 스페인 제국의 몰락

그림4 실제 사람으로 공처럼 곡예하는 설정이 무리해보이지만, 미서전쟁 초반에 이미 미국이 전쟁을 압도했기 때문에, 미국 언론은 스페인을 굴욕적으로 묘사하였다. 영국, 러시아, 오스트리아, 독일, 프랑스, 일본도 엉클 샘의 재주에 감탄하는 표정이다. 청일전쟁에서 승리한 일본도 저글링 쇼를 관전하는 열강의 대열에 당당하게 합류해 있다.

그림5 그림 설명에서 스페인과 청의 최종 종착지(The Destination of Spain And China)'는 곧 제국의 몰락이다. 스페인인과 청국인의 초췌하고 남루한 차림새가 그것을 상징한다. 스페인과 전쟁이 발발하기도 전에 미국 언론은 스페인을 이미 몰락한 제국으로 바라보았다.

◀그림4

강자 엉클 샘, 스페인
인을 자유자재로 저
글링하는 쇼로 열강
을 놀라게 하다(Uncle
Sam, as the Strong
Man, Surprises the
Spectators at the Show)

그림5 ▶

스페인과 청국의 최종
종착지(The Destination
of Spain And China)

THE DESTINATION OF SPAIN AND CHINA

4. 미 제국의 탄생, 필리핀에서 쿠바까지

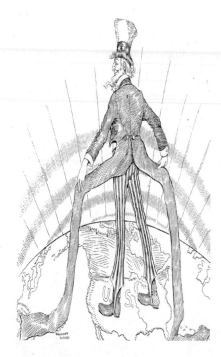

그림6 엉클 샘: 누가 내 코트 자락을 밟고 싶다고 했나(Did Anyone Say He Wished to Tread on the Trails of My Coat)?

미서전쟁으로 구 스페인 제국의 영토를 확보하게 된 미국이 중남미 아메리카와 아시아 태평양에 이르는 거대한 식민지를 차지하게 된다. **그림6**에서 미국 엉클 샘의 두 발은 미 본토에 있지만, 그의 연미복 자락은 필리핀 군도와 하와이군도 그리고 쿠바와 푸에르토리코까지 자그만치 일만 마일(약 16,000킬로미터)에 걸쳐 길게 드리워져 있다.[1]

"누가 내 코트 자락을 밟고 싶다고 했나?"라는 도발적인 캡션이 급부상한 미국의 위상을 말해준다. 스페인과 전쟁에서 승리한 미국은, 스페인의 식민지였던 쿠바, 푸에르토리코, 괌, 필리핀을 차지하면서 '제국'의 길을 걷게 된다.

그림7 신흥 제국주의 국가로 급부상한 미국ⓐ의 엉클 샘이 쿠바(Cuba) 접시에 담긴 작은 케익과 필리핀군도(Philippine Islands)의 칵테일 한 잔을 곁들여 단출하게 식사하고 있다. 그런데 엉클 샘의 칼

그림7 질투할 틈이 없지(No Chance to Criticize)

영국의 존 불이 열강에게 (John Bull to the Powers):
뭘 그리 신경들 쓰나. 우리의 연회를 즐기면 되지
가볍게 점심하는 그를 유감스러워할 것까지야
(What are you mad about? We can't grudge
him a light lunch while we are feasting)!

(U.S.)과 포크는 조그만 파운드 케익을 자르기에는 지나치게 큰 크기
이다. 식탁 옆에는 포르토 리코(Porto Rico) 와인이 얼음통에 준비되어
있다.

　건너편의 커다란 사각 테이블에는 대형 케이크 청국(China)이 놓여
있다. 열강은 케이크 조각을 나누어 차지하느라 분주한 모습이다. 러
시아ⓑ는 뤼순(旅順), 다롄(大連)을, 프랑스ⓒ는 하이난도(海南島)를,
독일ⓓ은 자오저우(膠州)를, 일본ⓔ은 타이완(臺灣)을, 영국ⓕ은 웨이
하이웨이(威海衛)를 각각 차지하고 있다. 그림 왼쪽 윗부분에는 입장하
지 못한 채 연회장 밖에서 부러운 듯 안을 힐끗힐끗 들여다보는 나라

들의 모습도 보인다. 열강은 동아시아의 대형 케이크 나누기에 관심
이 없는 듯한 미국의 독자적인 행보에 의아한 표정이다. 그러나 긴 칼
(England)을 차고 있는 영국은 이런 미국에게 윙크까지 보내고 있다.
미국의 부상과 더불어 20세기가 영·미 우의의 시대가 될 것임을 예
고하는 듯하다.

5. 일본, 제국주의 열강 대열에 합류하다

그림8

프랑스 풍자화가 조르주 비고(Georges Ferdinand Bigot)는 열강의 대
열에 합류하는 일본의 모습을 이렇듯 우스꽝스럽게 표현했다. 양복을
갖추어 입었지만, 신발은 일본의 전통 나막신(게다)을 신고 있다. 열
강 클럽의 회원국들은 군복을 갖추어 입고 카드놀이에 열중하다가 양

복을 입고 등장한 일본을 미심쩍은 듯 바라보고 있다.

열강 가운데서도 앞 쪽에 앉아 있는 러시아인과 일본인의 시선이 마주친다. 1898년 이후, 동아시아에서 본격적으로 전개될 두 나라의 대립을 예고하는 듯하다. 일본인이 클럽 안으로 들어갈 수 있도록 문을 얼이둔 건 영국인이다. 아직 동맹관계는 아니지만, 영일 양국 사이가 극도로 가까워졌음을 알 수 있다. 일본 외교문서를 분석해야 파악할 수 있는 상황을 당시의 비고는 어떻게 이렇게 정확히 포착했을까.

6. 일본에 유리해진 세력균형

그림9 러시아 곰에 맞서는 영국과 일본

러시아 곰이 랴오둥(遼東)반도를 차지한 데 맞서 영국은 피리, 일본은 북으로 합주하며 대응하고 있다. 영국인과 일본인이 쪽배를 타고 랴오둥반도를 향해 오는 것으로 보아 두 사람이 원래 있던 곳은 랴오둥반도의 맞은 편 산둥(山東)반도의 웨이하이웨이이다. 4월, 일본은 그 동안 차지하고 있던 웨이하이웨이를 영국에게 넘겨주었다. 영국 함대가 이곳에 주둔하게 되면, 랴오둥반도의 러시아 함대는 산둥반도로 자유롭게 쉽게 내려올 수 없게 된다.

그림10 일본에 유리해진 아시아의 세력균형추

이 풍자화는 당시 열강의 역학관계에 대한 유럽과 미국의 시각 모두를 반영한다. 한쪽 저울추에서는 영ㆍ미 두 나라가 다정하게 악수하고, 다른 추에서는 러시아·프랑스·독일 세 나라가 서로 팔짱을 낀다. 칼을 든 일본군은 영·미 진영에 앉아 있고, 몸집이 큰 청국인은 러시아·프랑스·독일 진영에 가세해 있다. 1898년 말 아시아에서 세력 균형이 이미 영국·미국·일본 진영에 유리하게 기울고 있음을 말해 준다.

청일전쟁 이후 러시아·프랑스·독일이 손을 맞잡은 대륙 연합(삼국간섭)의 밑바탕에는 19세기 내내 러시아와 대결해왔던 영국에 대한 두려움과 혐오 심리(Anglophobia)가 깔려 있다. 왜소한 일본군에 견주어 몸집이 훨씬 큰 청국인이 저울의 중심 가까이 앉아 있지만 균형을 맞추기에는 역부족이다. 영국과 미국이 청일전쟁에서 승리한 일본 편에 선 것은 아시아에서의 세력 균형추(THE BALANCE OF POWER)를 일본 제국주의에 유리하도록 만들어주기에 충분했다. 이 풍자화는 《컨템포러리 런던 Contemporary London》에 실린 것을 미국 《미니애폴리스 저널 Minneapolis Journal》이 전재했다.

7. 멈추지 않는 군비경쟁

그림11 되돌아 봐야 할 때(A Time for Reflection)

엉클 샘: 저 친구들은 한 해에 육해군비로 연간 10억 달러를 쓰는데, 나도 같은 규모의 군비를 들여야 하나 말아야 하나(Those fellows are spending their Armies and Navies $1,000,000,000 a year. Shall I put the same mill-stone around my neck or not)?

유럽과 미국의 육해군비가 코인 스톤(Coin Stone)에 새겨져 있다. 코인 스톤은 19세기 말 독일이 태평양 북서부 미크로네시아의 캐롤라인 군도, 팔라우 섬 지역을 식민화하면서 알려졌다. 1976년에 노벨경제학상을 받은 미국의 화폐경제학자 밀튼 프리드먼(Milton Friedman, 1912-2006)에 따르면[2] 이들 지역에서 코인 스톤은 부족과 부족장의 지위를 상징하는 동시에, 결혼, 전사자의 몸값 등을 지불하는 사회적 거래 수단이었으며, 때로는 식량을 교환하는데 쓰인 화폐이기도 했다. 제2차 세계대전 때 이 지역을 점령한 일본군은 코인 스톤을 건물 주춧돌이나 닻으로도 썼다고 한다.

그림11의 코인 스톤은, 군비의 규모로 말하는 하나의 국가 상징(national symbol)이다. 코인 스톤에 적힌 열강의 군비를 비교해보자. 러시아 육해군비는 '거대한 예산(immense outlays)ⓐ', 독일은 '막대한 경비(enormous expenditures)ⓑ', 프랑스는 '큰 규모의 경비(large expense)ⓒ', 영국은 '대규모의 연간 예산(great yearly budget)ⓓ', 이탈리아는 '아주 큰 경비(heavy expense)ⓔ'라 적혀있다. 이에 견주어 미국의 커다란 코인 스톤에는 '상당 규모의 연간 비용(great yearly cost)ⓕ'으로 표현되었다.

유럽 열강은 1890년을 기점으로 1914년 제1차 세계대전이 발발할 때까지 역사상 최고에 달할 정도로 군비 경쟁에 나섰다. 산업혁명 이후의 기술혁명과 이를 바탕으로 한 대규모 생산방식 도입으로 무기 생산에 필요한 비용을 비롯한 각종 군비도 엄청나게 커졌다. 대포, 탄환, 라이플 소총, 기관총 등 무기 양산으로 유럽은 비유럽지역에 대해 군사적으로 압도적인 힘을 갖추게 되었다.

강 건너편에서 오밀조밀한 크기의 경쟁을 하고 있는 유럽의 군사 강국들과는 달리, 강 반대편에 홀로 우뚝 서 있는 엉클 샘의 키, 코인 스톤의 크기와 무게는 타의 추종을 불허하는 듯하다.

그림11의 캡션은 미국이 군비 증강을 망설이는 것처럼 묘사했으나, 1900년을 기준으로 미국의 군비 증강은 실로 비약적이었다. 1인당 산업화 수준과 군함 톤수에서 영국은 여전히 전 세계에서 압도적인 1위였다. 미국은 산업화 수준은 2위지만, 철강생산량은 2위 영국보다 2배 이상인 1,130만 톤에 달했다. 미국은 그야말로 초강대국으로 부상했다.[3]

8. '문명, 이성, 진보'의 이름으로

THE PIGTAIL HAS GOT TO GO.

그림12 이 변발은 잘라 내버려야(The Pigtail Has Got to Go)

'문명(civilization)'의 여신이 '19세기 진보(19th century progress)'의 가위로 청 제국의 '케케묵은 전통들(worn-out traditions)'의 상징인 변발을 잘라내고 있다. 변발을 강제로 잘리는 청국 노인은 몹시 당혹스러운 표정으로 여신의 처분을 힐끗거리고 있다. 변발을 자르는 '문명'의 여신은 무표정하고 냉정하다. 구름을 타고 바다를 건너 온 듯한 여신과 여신의 머리 위로 별 하나가 눈부시게 빛난다. 드레스 자락에는 철도와 전신주를 그려 넣어 '문명'의 여신임을 강하게 어필한다. 낡은 전통을 근절시키는 행위(변발 자르기)가 19세기 유럽의 '이성'과 '진보'에 대한 확신에서 나온 것임을 부각시키기 위한 장치로 보인다.

유럽에서 진전된 정치적 자유주의, 경제적 자유자본주의, 자유무역주의는 결과적으로 비유럽국가들을 유럽의 강대국들에게 종속시키는 결과를 낳았다. 이성·합리·계몽에서 출발한 유럽문명은 제국주의 경쟁을 낳았고, 마침내 제1차 세계대전이라는 식민지 분할 전쟁을 초래했다. 이성과 진보에 힘입어 탄생한 유럽의 근대 문명이 19세기 말에 이르러 제국주의로 변질, 왜곡되어 갔다. 에릭 홉스봄이 《역사론》에서 피력했듯이 '이성·합리·계몽이 야만을 낳은 것'[4]이다.

산업혁명으로 말미암은 압도적인 생산력은, 다윈의 생물학적 진화론에 사회적 진화를 덧입힌 과도한 자신감으로 나타났다. 비유럽인들을 근대화시키고 이교도를 개종시키고 문명을 전파한다는 신념에 인도주의적 요소가 없었던 것은 아니었다고 해도, 그 같은 인종우월주의와 사회다윈주의는 과학의 탈을 쓴 이데올로기이자, '인간의 마음속에 자리한 악마'가 되살아난 것이었다.[5]

유럽의 세계무역액은 1815년 20억 달러에서 19세기 말에는 400억 달러로 스무 배 증가했다. 19세기 중엽 이후 유럽이 비유럽 지역에 본격적으로 침투해 들어간 이유는 무엇보다 산업화에 따른 시장 확보, 값싼 원료와 저렴한 노동력이 필요했기 때문이었다. 산업혁명으로 말미암은 새로운 생산 양식과 기술의 발달, 그리고 자유주의 국민국가와 자본주의 경제로 19세기 유럽은 전 세계에서 단연 우위를 차지했다. 그 시대 유럽인들은 제국주의적 자신감이 최고조에 이르렀고, 기독교 문명이 다른 문명에 견주어 우월하다는 믿음이 확고했다. 유럽 열강은 사회진화론에 바탕을 둔 팽창을 선교와 문명화의 사명으로 포장했다. 여기에는 국위(national prestige)를 선양하기 위한 민족주의적 경쟁과 외교 전략적 경쟁이 뒤따랐다.

유럽인들은 자유와 평등에 바탕을 둔 자신들의 정치경제 체제만을 문명이자 진보로 여겼고, 비유럽은 곧 야만이자 미개로 여겼다. 비유럽 세계와의 외형적 비교는 유럽인들의 문화적 오만, 호전성, 폭력을 낳았다. 적자생존, 약육강식의 생물학적 진화론을 통해 19세기 중엽 이후부터는 '종(種)'이 '국가'와 '민족'으로 치환되어 제국주의적 논리를 정당화했다. 19세기 유럽인들은 '최고(best)'의 민족이 생존하기 '가장 적합하며(fittest)', 정체되거나 소멸이 예정된 민족들을 지배하게 되어 있다는 것을 의심 없이 받아들였다.

유럽 문화의 우월성에 바탕을 둔 이 믿음은 자신의 문화를 비유럽인들에게 전파해야 한다는 의무감, 즉 '백인의 짐(Whiteman's Burden)'을 낳았다. 자신들만이 진화하고 있다는 의식에 사로잡힌 유럽인들. 그들이 고안해 낸, 자기 멋대로의 '명백한 사명(Manifest Destiny)'이었다. 유럽인들의 '시혜', '사명', '책무'가 '사회진화론'과 결합하며, '불가피한 제국주의'를 낳았다.[6]

제국주의는 과연 어디에서 연유했는가. **그림12**는 약육강식과 적자생존 원리에 바탕을 둔 다윈의 생물학적 진화론을 인간과 사회, 그리고 국가에 적용시킨 사회진화론적 시각에서 제국주의가 나왔음을 일깨워준다. 한 집단이 제국주의 정책으로 다른 집단을 파괴하는 것은 장기적으로 보면 인간 사회의 진보를 막게 된다. 어떤 인종이든 국가든 인류 문명의 발전에 이바지하며, 그 자체로 고유한 의미를 지니는 것은 아닐까.

이 풍자화는 자연계의 생존경쟁 원리를 인간 사회에 그대로 적용시키는 데 반대하는 것일까, 아니면 이와 달리 유럽 우위의 전형적인 오리엔탈리즘적 오만함을 드러낸 것일까. 정치풍자화의 전형인 다의적 메시시로 읽히기도 한다.

제2장 유럽, 절정의 시기를 누리다

19세기는 '유럽의 세기'였다. 이 시기에 유럽이 누린 패권은 이전에도 이후에도 없었다. 1500년 무렵 유럽 국가들이 서세동점(西勢東漸)으로 지배한 지역은 지표면의 7퍼센트였지만, 19세기 초에는 35퍼센트, 19세기 말에는 자그마치 84퍼센트를 차지했다.[7] 19세기 말 '3년 사이에 지구의 소유권에 거대한 변화가 일어난 것이다.'[8] 19세기가 끝나갈 무렵에는 아프리카대륙의 일부, 청 제국 일부, 한국 및 태평양의 섬들만이 식민 대상으로 남았을 정도였다.

유럽은 19세기에 비약적인 도약을 이루었다. 유럽의 인구는 1800년 1억 9천만 명에서, 1850년에는 2억 6천6백만 명, 1900년에는 4억 2천3백만 명으로 1세기만에 두 배 이상 증가했다.[9] 산업화를 이룩한 유럽 강대국들의 상품, 사상, 인구의 이동은 전 세계로 확산되었다.

유럽 열강이 식민지 확장에 혈안이 되었던 가장 큰 이유는 1873년부터 1896년까지 유럽을 덮친 경제 대불황에 있었다. 영국을 비롯한 서유럽 열강은 이미 해로와 철도망의 발달로 교통혁명을 이루었다. 교통 혁명에 힘입어 미국, 러시아, 인도로부터 값싼 곡물이 유럽으로 유입되면서 유럽 농업은 커다란 타격을 입었다. 그와 달리 공업제품은 산업혁명으로 과잉 생산되고 있었다. 불황을 타개하고 자국의 산업을 보호하고자 각국은 보호무역, 시장 독점, 카르텔을 형성하는 이른바 독점 자본주의로 재편하였다. 값싼 원료와 공산품 수출 시장이라는 두 마리의 토끼를 잡고자 유럽 열강이 이제 식민지 획득 경쟁으로 뛰어든 것이다.

식민지 획득은 노동자들이 사회주의에 기울지 않도록 불만의 배출구로서도 필요했다. 내부의 불만을 밖으로 돌리고자 내셔널리즘을 고양시킨 슬로건이 난무했던 시기도 이때다. 프랑스의 대(對)독일 복수주의(Revanche), 이탈리아의 미수복 영토 회복운동(Irredentism), 독일 황제 카이저의 세계정책(Weltpolitik) 등 제국주의 시대의 슬로건이 등장했다. 실업 문제 등 내부 불만을 밖으로 돌리고 더 넓은 상품 시장을 확보하기 위해서는 강력한 식민지 확장 정책이 뒷받침되어야 했다. 따라서 국익과 국위를 우선한 배타적 민족주의가 서로 첨예하게 대립하였다.

비유럽 지역에서 유럽의 제국주의 팽창이 절정에 달하는 동안, 같은 시기 유럽은 제1차 세계대전이 발발하기 전까지 역사에서 유례없는 평화의 시기였다. 서유럽과 중유럽은 대전의 참상이 일어나기 이전까지 정치적으로 안정되었다. 프랑스 대혁명 이후 19세기 내내 혁명과 개혁, 반란, 내셔널리즘의 대립과 충돌, 전쟁으로 얼룩졌던 유럽에 드디어 전쟁 없는 시대가 온 것이다. 19세기 말의 이 시기를 '벨 에포크(belle époque)'라 한다. 그야말로 '좋은 시절'이었다.

20년 이상 지속된 대불황이 끝난 19세기 말, 제2차 산업혁명을 배경으로 기업이 대규모로 바뀌고 다양해진 기술과 기술혁신에 따라 신중산층이 등장했다. 블루칼라 계층인 전문 기술자와 화이트칼라 계층인 변호사, 의사 등 사무 전문직이 급증한 것이다. 노동조합의 합법화와 그에 따른 무상·보통 교육이 의무적으로 단계를 밟아 시작되고, 이를 통해 도시의 새로운 생활 스타일이 생겨났다. 전화가 실용화했고, 에디슨 이후 롤필름의 기술 발전과 전등 광원 등 조명 장치 발전의 결합은 '영화'라는 영상문화를 탄생시켰다. 신문을 중심으로 성장한 매스 미디어는 이제 귀족이나 유산자들뿐만 아니라 '대중'을 고객으로 삼기 시작했다. 센세이셔널한 대중지, 이른바 황색 언론(Yellow Journalism)이 등장하여 매스 미디어의 전성기를 알렸다. 19세기 말 정치풍자화가 폭발적으로 증가한 것도 매스 미디어가 대중의 요구에 부응한 데 힘입은 것이다. 독자들에게 빠르게 소식을 전할 수 있는 기술 진보는 제국의 연결망을 더욱 강화시켜 주었다.

1890년대는 문화 · 예술적으로도 '호시절'이었다. 앙리 마티스 · 앙리 드 툴루즈 로트레크와 같은 야수파 회화, 파블로 피카소 · 클로드 모네 등 인상파 회화, 여성 조각가 까미유 끌로델, 모파상 · 에밀 졸라 · 앙드레 지드 · 아나톨레 프랑스 · 샤를르 보들레르 등 많은 문인들이 활약했다. 왈츠에 맞춰 춤을 추며 상류층 인사들은 여전히 귀족 행세를 즐겼다. 요한 스트라우스 3세와 같은 작곡가들에 힘입어 오페라와 오페레타가 성행했다. 까미유 생상 · 모리스 라벨 · 클로드 드뷔시 · 가브리엘 포레 같은 음악가가 파리를 중심으로 활약했다. 구스타프 말러는 1898년 말 비엔나(Vienna) 궁정 오페라극장의 예술 감독으로 취임했다.

결과적으로 보면, 유럽인들에게 1890년대는 19세기의 기나긴 정치 · 사회 · 경제적 혼란과 20세기 양차 대전의 참상 사이에 평화롭게 자리한, 그야말로 '살아있는 기쁨'이 가득한 시대였다. 그러나 그 평화는 실제로는 유럽인들에게 언제 전쟁으로 치달을지 모르는 불안 속의 평화, 곧 폭풍전야와도 같은 '무장평화(armed peace)'였다.

Ⅰ. 무장평화(Armed Peace)

그림1 싸움질이 한창인 유럽 보육원
(The Quarrelsome European Nursery)

평화의 보모(Madam Peace): 세상에나 맙소사! 이렇게나 말
썽꾸러기 아이들이었니? 너희들은 착하게 굴겠다고 약속
해 놓고, 아직도 시시콜콜 싸움질이구나(Goodness, gracious!
—were there ever such troublesome children? They are always
promising to be good, and yet they are always squabbling)!

식민지 팽창 경쟁은 유럽의 동맹체제와 밀접한 관련이 있었다. 이
그림은 1897년 초를 묘사했지만, 제1차 세계대전으로까지 치닫는 일
촉즉발의 유럽 국가 관계를 잘 표현하였다. 가구가 넘어지고, 각종 무
기들이 나뒹구는 아수라장으로 변해 유럽의 평화가 이미 크게 깨진 상

태다. 평화를 상징하는 보모는 난쟁이 열강을 통제하지 못해 안타까운 표정을 짓는다.

평화의 보모(Madam Peace)의 앞쪽 정면에 영국을 상징하는 존 불과 러시아 니콜라이 황제ⓐ가 아옹다옹하는 모습이 보인다. 영국과 러시아는 실로 19세기 내내 전 세계를 무대 삼아 대립하고 갈등을 빚어 왔다. 그 옆쪽의 마담 프랑스는 독일 통일 과정에서 빼앗긴 알자스-로렌(Alsace-Lorraine)을 되찾고자 독일의 빌헬름 황제를 향해 칼을 빼들어 '복수(Revanche)'의 전쟁을 치를 듯한 기세이다. 카이저ⓑ는 보불(프랑스 · 프로이센)전쟁(1870~1871)으로 확보한 알자스-로렌을 놓칠세라 무릎 위에 눕힌 채 꽉 붙들고 있다.

그 뒤편의 발칸반도에서는 루마니아와 세르비아ⓒ가 일촉즉발의 대립 위기에 놓여 있다. 10여 년 뒤인 1908년부터 발칸반도는 세계의 화약고로 제1차 세계대전의 진원지가 된다.

오스트리아와 이탈리아ⓓ는 각기 칼을 든 채, 이탈리아 북부의 영토를 놓고 실랑이를 벌이고 있다. 이탈리아는 1860년대 자국의 통일 과정에서 되찾지 못한 영토(트리에스테, 이스트라 반도, 피우메, 티롤 지방 등)를 되찾고자 독일, 오스트리아와 함께 하는 삼국동맹에 가담했다. 그러나 독일과 오스트리아는 이탈리아의 옛 영토 회복에 관심을 기울이지 않았다. 이 때문에 이탈리아는 적대 진영인 프랑스와 수시로 뒷거래를 했다. 나중에 이탈리아는 삼국동맹을 사실상 이탈하며 독일과 오스트리아에 대한 '배신의 길'을 걸었다. 제1차 세계대전이 발발하자 중립을 선포한 이탈리아는 1915년 4월 자국의 옛 영토 회복을 보장해주는 런던 밀약을 영국 · 프랑스 진영과 체결한 뒤에 삼국협상(영국, 프랑스, 러시아)진영으로 돌아섰다. 뒤이어 5월에 이탈리아는 동맹국 독일과 오스트리아에 선전 포고하고, 삼국협상 진영에서 싸움으로써 결국 제1차 세계대전의 승전국이 되었다.

왼쪽 하단 부분에서 그리스와 터키 제국ⓔ이 전쟁의 소용돌이에 휘말려 있다. 터키 제국은 1897년 이래 이 전쟁으로 말미암아 더욱 약해진다. 이를 표현하듯, 터번을 두른 터키 제국 술탄이 바닥에 쓰러져 있다. 유럽, 아시아, 아프리카에 걸친 방대한 터키 제국이 해체될 경우를 가정한 '동방문제'는 제1차 세계대전에 이르기까지 19세기 내내 유럽의 평화를 위협한 고질적인 문제였다.

본격적인 대결을 펼치지는 않지만, 청중석의 국가들도 분규에 휘말려 있다. 청일전쟁을 치른 청국과 일본ⓕ은 여전히 옥신각신한다. 구 제국 스페인ⓖ은 이미 뒷전으로 물러나 있는 모습인데, 곧 전개될 미서전쟁의 패배로 스페인은 걷잡을 수 없이 약화되었다. 1897년 초 《퍽》지의 이 풍자화는 유럽의 무장평화 시대를 배경으로 하고 있어서인지, 자국(自國)인 미국을 묘사하지는 않았다. 이듬해에 제국으로 급부상한 미국의 모습은 어쩌면 그 나라 언론도 전혀 예상하지 못할 만큼 이례적인 것이었는지도 모른다.

2. 동맹체제와 무장평화

그림2 열국의 근황(列国の近狀)

《지지신포 時事新報》는《뉴욕 월드 New York World》지가 게재한 풍자화를 '열국의 근황'이라는 설명을 달아 일본판으로 전재했다. 영국 남성 존 불(John Bull)은 미국 여성 콜롬비아(Columbia)를 태우고ⓐ 미국 남성 엉클 샘(Uncle Sam)은 영국 여성 브리타니아(Britannia)를 자신의 앞좌석에 태운 채ⓑ 유유자적 도로 중앙을 달리고 있다. 넷이 함께 타고도 너끈한 듯 이들은 넓고 큼직한 하나의 자전거에 몸을 실었다. 콜롬비아는 미국의 옛 이름이자 상징이고, 브리타니아는 영국 최초의 국명이다. 이 묘사는 영·미의 우호관계 이상의 우의를 은유한다. 넷이 탄 자전거에 꽂힌 '일가동맹(一家同盟)'이라는 깃발이 이를 뒷받침해

준다. 영 제국은 신흥 미국과 보조를 맞춤으로써 20세기에도 여전히 유럽 맹주로서 위상을 지켰다.

그런가 하면 삼국동맹(三國同盟, 독일, 오스트리아, 이탈리아)의 깃발을 자전거 앞 쪽에 꽂고 질주하는 진영ⓒ과 이국동맹(二國同盟, 러시아, 프랑스)ⓓ의 깃발을 앞세운 채 질주하는 자전거는 서로 반대 방향으로 달리고 있다. 이 국가들이 앞으로 제1차 세계대전에서 대립하게 될 상황을 예견한 것일까. 러시아 · 프랑스 동맹과 영 · 미진영은 같은 방향으로 질주하고 있음을 눈여겨 볼 필요가 있다. 19세기 말 당시 어떤 동맹에도 가담하지 않은 강대국 영국 · 미국이 삼국동맹과 이국동맹 사이에서 캐스팅 보트(결정권)를 쥐고 있다는 의미도 된다. 삼국동맹과 러시아 · 프랑스 동맹 진영은 힘차고 여유롭게 질주하는 영국과 미국을 경이로운 듯 바라보고 있다.

이와 달리 열강의 질주 경쟁 속에서 스페인은 이미 국위를 크게 손상한 채 구석에서 등을 돌리고 주저앉아 고개를 숙이고 있다. 스페니쉬 하운드 개(Spanish Hound)의 깃발과 위용이 무색할 정도이다. 스페니쉬 하운드는 귀와 허리가 가늘고 긴 작은 개로 냄새를 잘 맡는다고 한다. 그 옆에 놓인 자전거ⓔ는 완전히 망가져 버렸다.

3. 독일과 프랑스의 민족주의 대립

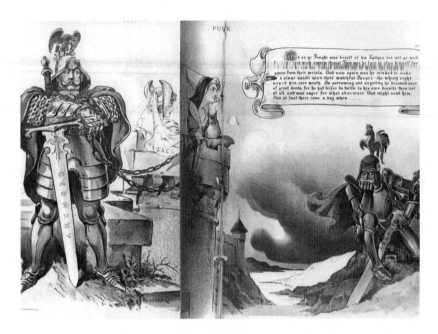

그림3 독일에 대한 프랑스의 '복수정신(Revanche)'

 그림3은 보불전쟁에서 알자스-로렌을 빼앗긴 프랑스와, 승전국 프
러시아(독일 통일을 주도한)의 민족주의 대립을 표현한 것이다. 두 여
성 알자스와 로렌은 성 밖의 프랑스(FRANCE) 기사가 구해주길 간절히
원하고 있다. 그러나 프랑스 기사는 칼을 거머쥔 채 구조할 엄두를 내
지 못하고 있다. 두 여성이 독일 기사가 잡고 있는 두 줄의 굵은 쇠사
슬에 매어 있기 때문이다. 그와 달리 독일(GERMANY) 기사는 건장한
체구에 위풍당당하다. 1890년대 유럽은 언제 전쟁으로 치달을지 모

르는 불안 속의 평화가 이어지고 있었다.

　이 폭풍전야의 고요함과도 같은 '무장평화(armed peace)'와 동맹체제의 바닥에는 민족주의를 바탕으로 한 국가들 사이의 대립이 있었다. 독일 통일 과정에서 프러시아에게 알자스-로렌을 빼앗긴 프랑스는 언젠가는 독일에게 앙갚음하려는 복수 정신(Revanche)이 불안한 제3공화정 70년을 간신히 유지시켰다.

　알자스-로렌지방은 파란만장한 역사를 간직한 땅이다. 원래 독일의 전신인 신성로마제국의 땅이었으나, 12～13세기에는 프랑스 땅이 되었다가, 그 뒤 신성로마제국이 되찾았다. 프랑스 루이 15세가 다시 이 땅을 빼앗았다가, 보불전쟁 이후 독일이 병합했다. 알퐁스 도데의 〈마지막 수업〉이 바로 이 땅을 독일에게 뺏긴 날의 울분을 그려낸 소설이다. 알자스-로렌은 제1차 세계대전이 끝나고 프랑스에 다시 귀속되었으나, 제2차 세계대전 당시 독일에 강제 합병되었다가 전쟁이 끝난 이후 프랑스가 되찾아 오늘에 이르고 있다. 독일과 프랑스에 번갈아 귀속되면서 그 애환이 남다르며, 두 나라의 언어와 문화가 자연스럽게 공존하는 독특한 지역이다. 유럽에서는 독일과 프랑스의 민족주의 대립 이외에도, 발칸반도에서 오스트리아 범게르만주의와 러시아 범슬라브주의가 대립했다. 영국·독일의 무역 및 건함(建艦) 경쟁, 유럽·아시아·아프리카에 걸친 터키 제국 영토에서 발흥한 저항적 민족주의 등 여러 민족주의의 대립과 갈등이 거대한 용광로처럼 부글부글 끓어오르고 있었다.

4. 동맹의 상호 침투(interpenetration)

"MEN WERE DECEIVERS EVER!"

FRANCE. "WELL—BETWEEN FRIENDS—I CAN ONLY SAY, THE WAY THAT RUSSIA HAS TREATED
ΙΕ——!!"
ITALY. "AH! AND IF I COULD TELL *YOU* WHAT I'VE GONE THROUGH WITH THAT AUSTRIA
ND GERMANY——!!!"

그림4 이탈리아와 프랑스 여성의 푸념 —
남자란 원래 다 사기꾼들이야
(Men Were Deceivers Ever)!

프랑스: 있잖아, 우리끼리 얘긴데, 러
시아가 날 어떻게 대우했는지 알아?
이탈리아: 아! 나도 할 말 있어, 오스트리아와
독일 사이에 그간 무슨 일이 있었는지 말이야.

'남자란 원래 다 사기꾼들이야(Men were deceivers ever)'라는 캡션은 1600년 초연된 셰익스피어의 희곡 〈헛소동(Much ado about Nothing)〉 5막 3장의 구절에서 따온 것이다. "숙녀 여러분, 더 이상은 안돼요. 남자들이란 다 사기꾼들이에요. 한쪽 발은 바다에, 한쪽 발은 해안가에 걸치고 있지요. 한쪽으로만 향해 있는 법이 없어요."

1898년 6월의 《그래픽 The Graphic》지에도 "남자란 원래 사기꾼들이야"라는 설명과 함께 남녀의 어긋난 만남을 풍자한 삽화가 등장했다. 《셰익스피어의 희극에 나오는 노래 Songs from the plays of Shakespeare》가 그 해 출판되면서 '남자들이란 다 사기꾼이야'라는 말이 1898년의 유행어가 된 듯하다.

19세기 중엽부터 이탈리아가 걸어간 역사는 주목할 만하다. 이탈리아는 1860년대 통일과정에서 확보하지 못한 미수복 영토(트리에스테, 이스트리아, 롬바르디아, 베네치아 등)를 오스트리아 · 헝가리 제국으로부터 되찾기 위해 삼국동맹에 가담했다. 그러나 독일은 오스트리아가 가지고 있던 영토를 이탈리아에 반환시키는 데 시큰둥했다.

이에 이탈리아는 삼국동맹과 적대적 진영에 있는 프랑스와 가까워졌다. 지중해와 아프리카에서의 이해(利害)를 서로 보장해줄 수 있었기 때문이다. 이탈리아와 프랑스는 비밀리에 모로코에서의 프랑스의 이해(利害)와 트리폴리에서의 이탈리아의 이해(利害)를 상호 인정해주었다. 이는 제1차 세계대전에 이르기까지 삼국동맹과 러불동맹이 무장비밀동맹으로 대립하던 상황에서 이른바 동맹의 '상호 침투(interpenetration)'를 보여준 대표적 사례였다.

그렇다고 프랑스와 이탈리아만 동맹을 상호 침범한 것은 아니었다. 1890년대부터 제1차 세계대전이 발발할 때까지는 그야말로 무장동맹 체제의 상호침범 시대였다. 러시아, 오스트리아, 독일, 이탈리아, 프랑스, 영국은 자국의 식민지 이해를 확보하기 위해 스스럼없이 각자가 속한 동맹 및 협상국을 배반했다. 발칸반도의 사라예보에서 오스트리아 왕세자 부처의 암살사건이 제1차 세계대전으로 비화한 것은 바로 이 같은 무장동맹체제 안에서의 상호 불신이 극에 달하면서 빚어진 일이었다.

5. 러시아의 헤이그 평화회의 제안, 그 속셈은?

1898년 8월 28일, 러시아황제 니콜라이 2세는 군비 경쟁으로 긴장이 고조되는 국제 정세를 완화하고자 국제평화회의 개최를 제안하였다. 황제가 상트페테르부르크의 외교사절들에게 전달한 평화회의 제의는, 군비부담이 가중되고 있는 현실을 개탄하며, '일반적인 평화를 유지(maintenance of General Peace)'하고 '지나친 군비를 축소하자'는 것이었다.[10] 그 결과 이듬해인 1899년 5월 18일부터 7월 29일까지 네덜란드 헤이그에서 만국 평화회의가 개최되었다. 국제 분쟁을 평화적으로 해결하기 위한 '국제중재재판소'가 헤이그에 설치된 것은 1901년의 일이었다.

러시아가 제의한 제1차 헤이그 국제평화회의는 러시아 육군 장관 쿠로파트킨(A. N. Kuropatkin)의 1898년 2월 각서를 기초로 했다. '오스트리아-헝가리 제국의 신무기 개발과 제조를 10년 동안 일시 중지하도록 제안하여, 이것이 성사되면 군비경쟁을 멈출 수 있다'는 것이 골자였다. 니콜라이 황제는 쿠로파트킨의 각서를 환영하며 평화회의의 청사진을 나누었고, 무라비요프(M. Muraviev) 외무 장관과 함께 이를 추진해보라고 허가했다. 이에 무라비요프는 당시 재상이자 동아시아 팽창의 실권자인 위떼(Sergei Yu. Witte)재무 장관에게 조언을 구하였다.

위떼는 쿠로파트킨의 각서를 두 가지 점에서 반대했다. 오스트리아가 모라토리엄(Moratorium)에 동의하지 않을 뿐만 아니라, 이로 말미암아 러시아가 재정적으로 어렵다는 사실이 유럽에 알려지는 것을 우려했기 때문이었다. 머리끝에서 발끝까지 실용주의적이었던 위떼는 자신의 회고록에서 쿠로파트킨의 평화회의 제안을 유치하고 순진하다고 평가했다.

그림5

군국주의를 상징하는 거구가 무장한 채 누워서 러시아 니콜라이 황제
에게 하는 말, "니콜라스 형제여, 당신은 나를 옮길 생각은 않는군요!"

오스트리아 《피가로 Figaro》지는 **그림5**에서 러시아가 군비(군국주의
거인)는 축소하지 않은 채 평화회의를 제안했다고 비판하였다. 군국
주의 거인의 팔꿈치 아래에는 각종 군국주의 계획, 즉 '전쟁 계획', '용
맹의 상징인 훈장', '평화에 드는 비용'이라고 쓰인 돈 자루가 앞에 놓
여 있다. 전사자로 추정되는 많은 병사들의 누운 모습도 보인다. 그런
가 하면, 니콜라이 황제 뒤편 멀리서 평화의 시위가 전개되고 있다.
'베르타 폰 주트너(Bertha von Suttner)'라고 쓰인 깃발을 든 오스트리아

그림6 군비 축소 제안

(러시아 곰이 혼잣말을 한다) 내 영향력이 이 정도인 줄 몰랐어

의 평화운동가 주트너 백작부인ⓐ의 뒤로 많은 사람들이 시위에 동참한 듯한 모습이다. 주트너는 1905년에 노벨평화상을 받은 최초의 여성이다. 《피가로》지의 풍자는 러시아의 평화회의 제의를 의심하고 조롱한 것이었다.

《피가로》지는 **그림6**에서도 러시아를 조롱하였다. 커다란 몸집의 러시아 곰은 무장해제(Abrusten)의 월계수관을 뒤편에 두고, 왼손은 세 개의 공이 달린 채찍, 그리고 오른손은 월계수 잎을 들고 있다. 곰의 등 뒤에 반대 방향을 바라보고 있는 뚱뚱한 영국인ⓐ의 모습은 여유롭기만 하다. 스페인인ⓑ이 키 큰 미국인의 옷을 잡아당기며 싸움을 하고 있는 모습이지만, 사실 키 큰 미국인은 작고 왜소한 스페인인을 곡예대 위에 세워 놓고 있어 언제든 그를 튕겨낼 수 있을 정도로 강해 보인다. 이는 미서전쟁을 의미한다. 미국 바로 옆에서 바티칸과 알력을 보이고 있는 이탈리아ⓒ는 '이탈리아'라고 쓰인 챙 넓은 모자를 쓰고 있다. 왼쪽 귀퉁이에서는 알자스-로렌을 차지한 프러시아ⓓ가 보이고, 그것을 빼앗으려는 프랑스의 모습은 힘에 부쳐 보인다. 프랑스가 프러시아보다 훨씬 작은 모습으로 묘사되었다. 터키 제국의 술탄ⓔ은 제국령 안의 회교도국가들과 분규가 잦은 모습이다. 터키 제국의 위용과 달리 그 식민 지배를 받는 소국가들은 작은 모습으로 그려져 있다. 그림 앞 쪽의 소인들ⓕ은 이탈리아가 통일되기 직전 중부 이탈리아연합(United Provinces of Central Italy)을 형성했던 토스카나 대공국, 파르마 공국 등으로 표시되어 있다.

폴 케네디(Paul Kennedy)에 따르면, 러시아의 육해군 병력은 1890년에 이미 오스트리아의 2배였고, 영국의 1.5배 이상, 독일의 1.3배였다.[11] 러시아 병력은 질적으로 현저히 떨어졌지만, 당시 유럽 최대 규모였다. 뿐만 아니라, 제1차 헤이그 평화회의 이후인 1900년의 러시아 병력은 오히려 1890년 보다 거의 두 배로 증가했고, 오스트리아보다는 세 배였다. 군함 톤수를 비교해도 1890~1900년에 오스트리아가 1.3배 증가하는 사이에 러시아의 군함 톤수는 거의 두 배 증가하여, 영국, 프랑스에 이어 세계 3위였다.[12]

러시아가 평화회의를 개최한 의도가 평화적임을 표방했지만, 속내엔 전략적인 의도가 내포되어 있었다. 제1차 헤이그 평화회의는 경쟁국이 보유하고 있는 무력을 축소시켜 자국의 이익에 맞게 조정하려는 책동이었다는 구소련 학자들의 해석은 상당히 설득력이 있다.

▲ 그림7

러시아 곰: 자, 이제 우리 그만 싸
우기 위해 이빨은 뽑아내 버립시다.
영국, 독일, 오스트리아, 프랑스, 이
탈리아: 그래요. 그렇게 합시다. 그런
데 러시아부터 먼저 뽑는 게 어떨지?

제3장 유럽, 그들만의 리그 – 아프리카 쟁탈전

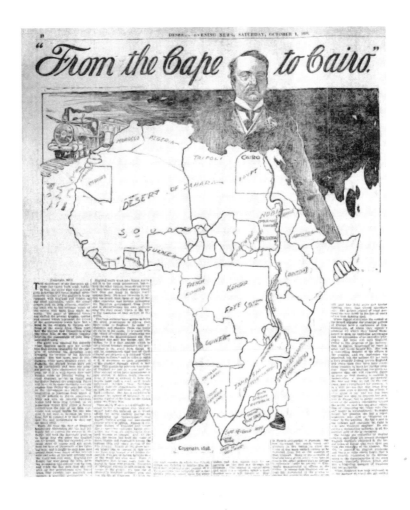

19세기 말 유럽 열강의 식민지 분할 경쟁이 가장 심했던 지역은 유럽의 세 배가 넘는 영토에 1억 명의 인구가 거주했던 아프리카였다. 유럽 열강은 치열한 '아프리카 쟁탈전(Scramble of Africa)'으로 그 땅의 90퍼센트 이상을 조각조각 분할했다. 이 소용돌이에서 아비시니아(오늘날 에티오피아)와 라이베리아만 어렵사리 독립을 유지했다. 아비시니아는 1868년에 영국과 싸웠고, 이탈리아와는 1895년, 1935년에 걸쳐 싸워 이겨 독립을 지켜낸 유일한 나라이다. 라이베리아는 수도 먼로비아(Monrovia)가 미국 대통령 제임스 먼로(James Monroe)를 기리기 위한 데서도 알 수 있듯, 미국계 해방노예(Americo-Liberian)들이 1822년에 건립한 특이한 경우이다. 라이베리아는 1847년에 독립을 선언했지만, 미국은 비공식적으로 이 나라를 계속 지배했다.[13] 그러니 아프리카 대륙에서 독립을 유지한 국가는 사실상 아비시니아밖에 없었다.

아프리카는 1880년대까지도 '검은 대륙(Dark Continent)'으로 불렸다. 유럽인 어느 누구도 '검은 대륙'의 안쪽 깊숙이 들어가 볼 엄두를 내지 못했다. 유럽의 아프리카 식민지가 대륙 해안가에 그쳤기 때문이다. 그 점에서 '검은 대륙'이란 아프리카에 대한 유럽인들의 공포와 무지를 드러낸 표현이기도 했다. 동시에, '검은 대륙'은 수많은 민족, 종교, 언어의 다양성을 무시한 채 아프리카인들 전체를 업신여기는 인종주의적 표현이기도 했다. 유럽의 선교사들은 아프리카에 기독교를 전파하여 이교도들을 구원하고, 그들의 풍습을 야만적으로 치부하여 근절시키고자 했다. 유럽의 팽창주의에 인도주의적인 요소가 없었던 것은 아니었다고 해도, 유럽인들의 우월의식과 사회진화론이 그것을 변색시켰다.

1869년, 지중해와 홍해를 연결하는 수에즈운하가 개통된 뒤 아프리카에서 열강의 이해관계는 한층 복잡해졌다. 1880년대에 들어서며 유럽 열강이 앞 다투어 아프리카 팽창에 혈안이 되었던 이유는 금, 은, 철, 다이아몬드 등 천연광물 자원을 차지하기 위해서였다. 황금(Gold), 국가의 영광(Glory), 선교해야 하는 기독교의 신(God), 이른바 3G 때문에 아프리카대륙은 20년도 채 되지 않아 열강의 잣대로 국경선이 그어졌다.

유럽인들이 천연자원, 영토, 그리고 국위를 추구한 결과 아프리카인들은 토지와 독립을 상실한 채 유럽에 저항하며 목숨을 잃어갔다. 프랑스령 서아프리카(French West Africa)는 15년 동안 사모리 투아레(Samory Toure)를 중심으로 프랑스의 지배에 맞섰으나 1898년 마침내 병합되고 말았다. 1905년, 독일령 동아프리카(German East Africa)에서도 독일에 수출되는 면화 재배를 거부하며 독일에게 저항하였으나 반란이 즉각적으로 진압되며 수십만 명의 아프리카인들이 학살되었다.

수많은 부족 사이의 적대관계, 국가와 민족의 경계를 무시한 19세기 말 유럽 열강이 그어놓은 '종이 위의(on paper)' 국경은 21세기 오늘날 아프리카의 빈곤, 쿠데타, 내전, 유혈상쟁의 비극을 낳은 주원인이다. 최근 미국의 외교 전문지 《포린 어페어스 Foreign Affairs》는 2015년 11월 기존 아프리카 국경선에 무정부 지역 경계선을 겹쳐 만든 현 아프리카의 실제 지도(Real Map of Africa)를 게재했다.[14] 이에 따르면, 현재 54개국이 국경을 맞댄 아프리카 땅 가운데 34퍼센트에 해당하는 지역이 '국경선이 아무런 의미가 없는 통제 불능지역' 즉 주권국가의 통제가 전혀 미치지 않는 무정부지역이다. 아프리카 서북쪽의 방대한 사하라사막 지대와 남수단, 소말리아 등지에서 20여 년째 심각한 내전이 이어지며 이슬람 극단주의 무장단체와 반군 등이 이들 지역을 장악하고 있다.

유럽 제국주의의 지배가 아프리카 대륙에 가져 온 긍정적인 결과가 없는 것은 아니었다. 제국주의 연구에서 늘 되풀이되는 논쟁이지만, 제국주의는 의료, 위생, 영양, 농업 생산력의 증대, 교통수단과 통신시설, 교육 기회의 확대, 근대 국민국가 창설 등의 효과를 가져왔다. 그러나 인위적인 국경 설정이 부족들 사이에 전쟁의 악순환을 불러들였다. 인구 폭발은 곧 기근으로 이어졌다. 농업 생산력의 확대도 아프리카인들의 식량문제를 해결하기 위한 것이 아니라, 유럽인들을 위한 환금작물 재배에 집중되었다. 상아, 구리, 주석, 고무, 목재 등 천연자원의 약탈과 인권 유린, 서구화로 말미암은 아프리카 고유 전통과 문화의 파괴 등은 서구 제국주의의 어두운 면이다. 오늘날까지 이어지고 있는 인신매매, 전쟁, 폭력, 인종 학살 문제 등은 유럽 제국주의 연구나 제국주의의 효과를 둘러싼 논쟁에서 정치·경제적 이해관계 때문에 쉽게 잊히고 가볍게 다뤄지는 것은 아닌지 반문해볼 필요가 있다.

I. 아프리카 대륙의 '개방' – 벨기에 레오폴드 2세의 콩고자유국

  아프리카 대륙의 본격적인 '개방'은 1880년대 내륙 중심부 콩고 강 유역에서부터 시작되었다. 스코틀랜드의 리빙스턴(David Livingstone)이 중부 아프리카에서 32년 동안(1831~1873) 선교하였지만, 많은 탐험 가들과 선교사들이 아프리카 내륙의 강을 항행하고 여행할 수 있게 된 것은 철도, 전신, 증기 기관의 발달에 힘입은 것이었다.

  아프리카 분할의 불을 가장 먼저 지핀 사람은 벨기에 국왕 레오 폴드 2세(Leopold II, 1836~1909)이다. 레오폴드 국왕은 1876년 9월 12일에 유럽의 주요 지리학회 회원들과 아프리카 탐험가 및 전문 가 약 40명을 초청하여 3일 동안 호사스러운 브뤼셀 지리학회(Brussels Geography Conference)를 개최했다. 개막 연설에서 레오폴드 국왕은 "독 점과 특권을 위한 이기적인 목적에서가 아니라 (…) 기독교가 아직 선 교되지 않은 지구 위의 유일한 대륙에 문명을 전파하기 위해(to open an entire continent to the civilizing action of Europe, without preference and without exclusion)"[15] 콩고 지역으로 팽창한다고 선언했다. 국왕은 노예 무역을 근절하는 일과, 아프리카 대륙에 문화와 상업의 혜택을 열어 주는 일이 얼마나 아프리카 대륙에 중요한 일인지를 강조했다. 오늘 날 벨기에 남부의 아를롱(Arlon)에 있는 레오폴드 2세의 기념비에도 그렇게 기록되어 있다. "나는 문명화를 위해 그리고 벨기에를 위해 콩 고에서 과업을 수행했노라."

  레오폴드 국왕은 런던 주재 벨기에 대사에게 보낸 1876년 말의 한

◀ 지도1 벨기에령

그림1 ▶

레오폴드 국왕에게 제공
되기에 이 정도는 너무
맛있는 진미가 아닐까?
(Isn't this a dainty
dish to set before a King)?

서신에서는 "나는 이 거대한 아프리카 케익의 한 조각을 차지할 황금과 같은 기회를 놓치고 싶지 않다"(I do not want to miss a good chance of getting us a slice of this magnificent African cake)[16]는 유명한 말을 남겼다. 그가 언급한 '거대한 케익 한 조각'은 이후 제국주의 식민지 쟁탈전을 묘사한 정치풍자화의 단골 소재가 되었다.

영국 사람 스탠리(Henry Morton Stanley)의 콩고 탐험을 눈여겨본 레오폴드 2세는 1878년 6월, 스탠리의 콩고 '탐사'와 '문명화' 사업을 전폭적으로 지원하고 나섰다. 이타주의와 인류애를 가장하여 브뤼셀회의 기간에 설립한 '국제아프리카협회 International African Association'라는 지주회사를 통해서였다. '국제아프리카협회'는 전 유럽의 환영을 받았는데, 그 선두에 유럽의 대표적인 금융가인 로스차일드 가(Rothschilds)와 수에즈운하를 건설한 레셉스 공(Viscount Ferdinand Marie de Lesseps)이 있었다. 스탠리는 혁신적으로 개량된 증기선(steamer)을 타고 학술적 탐험을 가장하며 콩고 내륙 깊숙이 들어갔다. 그는 오백 여 아프리카 부족 추장들로부터 레오폴드 2세에게 통치권을 양도한다는 합의 계약을 받아냈다.

지도1에서 보이듯 콩고는 강을 이용하여 상아와 고무가 풍부한 내륙으로 갈 수 있었으므로 식민화의 최적지로 생각되었다. 콩고를 시발점으로 아프리카 수난의 역사가 본격화한 이유이다. 1883년에 콩고 영유권을 선언한 벨기에 국왕 레오폴드 2세가 통치한 13년 동안 (1895~1908) 강제 노역, 아사, 심한 매질, 질병 등으로 자그마치 천만 명 이상에 달하는 콩고인들이 죽었다. 하마 가죽을 말려서 만든 시코트(chicotte) 채찍으로 20대를 맞으면 의식불명, 100대를 맞으면 사망에 이를 정도였다. 심한 매질과 학살에 관해서는 적나라한 사진과 풍자 카툰이 자료로 남아 있다.[17] 레오폴드 2세의 직접 · 간접적인 학

살과 고문, 질병, 그리고 그로 말미암은 저출산으로 콩고인들의 인구가 절반으로 감소할 지경이었다. 그야말로 대학살이었다. 상아 독점에 이어, 대단히 노동 집약적이고 가혹한 노예 노동으로 채취된 고무는 1890년대 미국 산업의 폭발적인 수요를 충족시켰다. 레오폴드 국왕을 '라텍스의 제왕(Leopold, Roi de Latex)'이라고 일컬은 《펀치 Punch》기의 풍자하는 콩고인들을 대량 살상해가며 고무 채취에 열을 올렸던 레오폴드 국왕의 잔학성을 잘 대변해준다.[18]

근대 영국소설의 대표적인 작가이자 여행 문학가인 조지프 콘래드 (Joseph Conrad, 1857~1924)는 콩고를 여행했다. 콘래드는 레오폴드 2세의 잔악한 노동 착취를 목격하고 돌아와 《검은 대륙의 심장부 (Heart of Darkness)》(국내에서는 《어둠의 심연》으로 번역되어 있음)와 《진보의 전초기지 An Outpost of Progress》를 1898년에 발표했다.[19]

콘래드는 레오폴드 국왕에 대해 비판적이었지만, 자신의 소설 《진보의 전초기지》에서는 "지구상의 어두운 지역에 (…) 빛과 믿음과 상업을 가져다주는 사람들을 치하하고 (…) 문명화 작업의 신성함, 그리고 문명의 권리와 의무에 대해 수없이 언급했노라"[20]고 적었다. 그런가 하면 콘래드는 한 편지에서 "70년 전 유럽의 양심은 노예제도를 철폐했다. 인류애 차원에서 노예무역을 폐지했던 유럽의 양심이 오늘날 콩고의 상황을 용인하고 있다. 이는 아주 예외적이다"라고 술회했다. 콘래드에게서 한편으로는 문명을 찬양하면서도 다른 한편으로는 전 인류의 양심에 갈팡질팡하는 당시 유럽 지식인의 모습이 보인다.

레오폴드 2세는 콩고 원주민들과 자신의 콩고 위원단 사이의 교역만 허용했고, 그 이득의 50퍼센트를 자신이 챙겼다. 레오폴드 2세의 잔혹한 착취에 대해 세계적으로 비난이 일자, 벨기에 의회는 150만 프랑을 지불하고 레오폴드 국왕으로부터 콩고자유국(Congo Free

State)을 넘겨받았다. 콩고자유국은 25년 만인 1908년에 벨기에 콩고 (Belgian Congo)로 탈바꿈했다. 1830년에 독립국으로 탄생했던 벨기에 가 자국 영토의 80배가 넘는 자원(상아, 고무, 황금, 목재, 다이아몬 드, 코발트, 주석, 우라늄 등)의 보고인 콩고자유국을 차지한 것이다.

2. 아프리카 분할의 신호탄 – 베를린 서아프리카 회의

그림2 나눕시다(Cut Out)!

'베를린 서아프리카 회의(Berlin West African Conference)'는 아프리카 분할의 신호탄이었다. 유럽(Europe)이라 적힌 긴 드레스를 입은 나이 많은 여성은 남성들에게 매력이 없는 사람으로 묘사되었다. 이와 달 리 아프리카(Africa) 부채를 든 검은 피부의 여성은 열강을 상징하는 남 성들의 관심을 한 몸에 받고 있다. 당시 열강의 모든 관심이 아프리카 쟁탈전에 쏠려 있음을 풍자한 것이다. 이들 국가들은 오로지 아프리카를 조각조각 분할하는 데 목적이 있었다. 아프리카라고 쓰인 부채 바로 뒤 수염 난 키 큰 인물이 회의를 주재한 독일의 비스마르크(Otto Von Bismarck) 수상이다ⓐ.

그림3 아프리카(Afrique) 케익 한 조각

　그림3의 아프리카 케익을 자르려고 서 있는 인물도 비스마르크이다. 레오폴드 2세의 표현처럼 유럽 열강은 '거대한 아프리카 케익 한 조각'을 차지하기 위해 '베를린 서아프리카 회의'에 참석했다.

　1884년 11월 15일 베를린 궁전에서 열린 서아프리카회의는 1885년 2월 26일까지 해를 넘기며 근 100일 동안 열렸다. '베를린 서아프리카 회의'에는 유럽 열강(오스트리아, 프랑스, 독일, 영국, 이탈리아, 러시아) 외에 미국, 스페인, 포르투갈, 덴마크, 벨기에, 네덜란드, 그리고 터키 제국 등 14개국이 참석했다. 회의는 노예무역을 통제하고 지나친 폭력과 착취를 종결시키는 것을 표방했다. 그러나 실제로는 '검은 대륙'을 분할하여 열강 뜻대로 하자는 취지였다.

'베를린 서아프리카 회의'는 7개 장 38항에 달하는 아프리카대륙의 분할 규칙을 확립했다. 콩고분지에서 교역의 자유(제1장 8항), 노예무역(제2장 1항), 콩고분지의 중립화(제3장 3항), 콩고 항해조령(제4장 13항), 니제르 항해조령(제5장 8항) 등을 규정했다.[21] 이 새로운 규칙은 아프리카대륙에 이미 진출했거나 진출하고자 하는 유럽 강대국들이 서로 무장 투쟁을 벌이는 것을 막기 위한 조치였다.

'베를린 서아프리카 회의'의 결정은 크게 세 가지로 요약된다. 첫째, 유럽 열강은 콩고 강 유역에 콩고자유국을 세우고 그곳을 레오폴드 2세가 지배하는 것을 승인했다. 규정 제3장은 "콩고 강 남쪽 기슭 230만 평방킬로미터에 달하는 지역에 독일령 동아프리카를 포함한 콩고분지(Congo Basin)를 중립지대로 선포"했다.

둘째, 어느 나라도 상대국에 알리지 않고는 아프리카 땅의 소유권을 선언할 수 없지만, 먼저 점령하여 실효적 지배권을 확립한 나라의 '선점권'은 인정해주기로 했다. 회의 참가국들은 레오폴드 2세를 군주로 하는 '콩고 자유국' 수립에 동의하고, 앞으로 전개해나갈 식민화 가이드라인을 마련했다. 레오폴드 국왕은 대신 유럽 국가들에 콩고 자유국의 독점 관세를 철폐하고, 자유무역권을 보장하기로 했다. 아랍인들이 아프리카에서 노예무역을 하지 못하도록 한다는 명분으로 레오폴드 2세가 지배하게 될 콩고 강 유역의 일부를 '콩고 자유국'이라 공표했다. 그러나 레오폴드국왕 치하의 콩고는 결코 자유롭지 못했다.

셋째, 규정 제2장과 제4장에서 "모든 국가들에게 교역과 정박의 자유를 보장"하였다. 레오폴드 2세도 콩고가 자유무역지대로 남을 것이

지도2 프랑스령

며, 노예무역을 종식시키겠다고 약속했으나 결국 지켜지지 않았다. 회의의 인도주의적 선전과 달리 아프리카 원주민들의 권리에 대해서는 침묵했을 뿐만 아니라, 실제로는 그들의 모든 권리를 박탈했다. 이 회의를 신호탄으로 열강은 아프리카를 그야말로 미친 듯이 분할하기 시작했다.

프랑스는 콩고 강 북쪽(오늘날 콩고−브라자빌과 중앙아프리카 공화국의 일부)의 67만 평방킬로미터를 차지했다. 스페인은 스페인령 사하라의 리오 데 오로(Rio de Oro)와 모로코 일부만을 확보했다. 앙골라, 모잠비크, 기니아를 이미 19세기 초에 차지한 포르투갈은 초기 대서양 노예무역을 주도하고 있었다.

이탈리아는 아프리카 동북부를 지배하고자 하였지만 거의 성공하지 못했다. 이탈리아는 1896년에는 홍해를 따라서 에리트레아(Eritrea) 및 소말릴란드(오늘날 지부티)를 확보했다. 이탈리아는 같은 해 아비시니아의 황제 메넬리크(Menelik) 2세의 근대식 군대에 맞서 싸웠지만, 1896년 자도바(Adowa) 전투에서 패함으로써 아비시니아 정복에 실패했다. 자도바 전투는 유럽이 아프리카에 패한 첫 사례였고, 아비시니아는 유럽의 총포와 맞서 싸워 이겨낸 유일한 아프리카 국가였다. 이탈리아가 아프리키 북부의 트리폴리(Tripoli)를 그나마 터키 세국으로부터 확보한 것은 1912년 발칸전쟁 중에서였다.

무엇보다도 '베를린 서아프리카 회의'에서 중요한 조항은 "어느 국가도 점령하기 전까지는 소유권을 주장할 수 없다"는 규정이었다. 이로써 유럽 열강은 아프리카인들의 참여를 원천적으로 봉쇄했다. 그리고 아프리카의 다양한 민족과 언어, 종교를 전혀 고려하지 않은 채 아프리카 대륙을 책상 위의 잣대로 그어 식민 분할을 결정했다. '베를린 서아프리카 회의'에 따른 유럽 열강의 인위적이고 자의적인 국경선 설정은 오래 전부터 공존해 온 아프리카의 동질적이고도 실질적인 인종, 문화, 언어를 분리시켰다. 아프리카가 20세기에 안게 될 수많은 정치 · 경제 · 국경 · 인종 문제와 갈등의 근본 원인은 이 회의에 뿌리를 두고 있다.

당시 유럽의 국제질서를 쥐락펴락하고 있던 독일의 비스마르크 수상은 중앙아프리카 콩고 분지와 연관된 모든 분할 문제를 결정하기 위한 열강의 회의를 베를린에서 주도했다. 유럽 열강이 아프리카에서 다른 유럽 국가들의 식민지 확장에 대해 서로 질시하고 의심했으므로 조정이 필요했던 것이다.

비스마르크는 " (…) 나의 아프리카 지도는 유럽에 있다. 여기 러시아, 여기 프랑스가 있다. 그 가운데 독일이 있다. 이것이 나의 아프리카지도이다(…) my map of Africa is in Europe. Here is Russia and here is France, and we are in the middle. That is my map of Africa)"라고 언급했다. 이는 '정직한 중개자(honest broker)'로서 '베를린 서아프리카 회의'를 주

지도3 독일령   **지도4** 영국령

재한다는 의미도 있었지만, 러시아와 프랑스 사이에서 협공당할 수도 있는 독일 제국의 안전이 당시 독일에 가장 시급한 문제였음을 뜻한다. 비스마르크는 독일 제국의 안전을 위해서라도 유럽에서 적대적이던 프랑스의 관심을 아프리카로 돌릴 필요가 있었다. 이것이 아프리카에서 독일이 프랑스와 손잡게 된 근본 이유였다. 독일은 유럽에서는 적국인 프랑스와 아프리카에서는 '식민지 제휴(Colonial Entente)'를 하여 영국의 패권에 도전했다.

　비스마르크 수상은 독일의 식민지 확보가 제국 유지에 도움이 되지 않을 것으로 판단했지만, 여론과 산업가들의 압력에 밀려 1880년대 중반부터 공격적인 식민지 정책을 추진하였다. 독일의 팽창과 정복 대상지역은 아프리카 동부의 탕가니카(오늘날 탄자니아)를 제외하고는 주로 아프리카 중서부와 남서부를 중심으로 이루어졌다. 독일의 탕가니카 점령은 영국이 획득한 케냐와 로디지아(오늘날 짐바브웨) 사이를 차단함으로써, 카이로와 케이프타운을 철도로 연결하려던 남아프리카 세실 로즈 총독의 계획을 가로막을 수 있었다.

독일 아프리카 식민지는 영국의 식민지 헤게모니를 저지하기 위한 목직 때문에, 영국의 식민지 바로 옆에 확보되었다. **지도3**처럼, 독일은 오늘날 나미비아에 해당하는 남서아프리카와 월비스 만을 1878년에, 카메룬(오늘날 카메룬과 나이지리아), 토골란드(오늘날 토고와 가나), 르완다, 탕가니카를 1884년에, 그리고 동아프리카(오늘날 부룬디, 르완다, 탄자니아)를 1890년에 확보했다. 독일은 제1차 세계대전에서 패한 뒤 1918년의 베르사유 조약에서 동아프리카의 독일 영토를 영국, 프랑스, 포르투갈에 분할 양도했다.

영국은 **지도4**에서 보듯이, 베를린 서아프리카 회의 이후 소말릴란드(1884), 골드코스트와 시에라리온(1885), 그리고 베추아날랜드(오늘날 보츠와나), 동아프리카 지역과 몸바사(1888), 우간다와 잔지바르(1890)에 이어, 세실 로즈 총독의 이름을 딴 로디지아(오늘날 짐바브웨)(1888~1895), 그리고 아프리카 서부에 있는 나이지리아(1899)를 확보했다. 나이지리아를 따로 떼어놓고 보면, 영국은 아프리카를 거의 종단하여 식민지를 확보한 셈이다. 1898년에 수단, 옴두르만, 하르툼, 파쇼다에 도달한 영국군이 사하라사막에서 동쪽으로 횡단해 오던 프랑스군과 이 지역에서 조우한 것도 이 때문이다.

3. 파쇼다 사건 - 영국의 시각

PLAIN ENGLISH

MARCHEZ! MARCHAND!

그림4 (좌) 그냥 영어로 (Plain English)

존 불(그냥 영어로): 실례합니다. 선생님, 내 땅에서 지금 뭘 하고 계십니까?
프랑스 탐험가(프랑스어로): 오, 난 그런 적이 없는데요.
(웃으며) 이런, 내가 여기 머물고 있긴 하군요
존 불: 당신은 본래 거기 없는 존재인지도 모르죠. 그러니 당장 나가시오!

그림5 (우) 가시오, 마르샹(Marchez Marchand)!

영국의 존 불이 파쇼다(Fashoda)라고 쓰인 바위에 앉은 프랑스 마르샹 장군에게:
이봐요, 마르샹 교수님, 짧지만 아주 멋진 과학 여행을 하셨군.
내가 회교도 수행자들을 다 없애버린 게 당신에겐 행운일 거요.
자, 이제 (파쇼다에 꽂은) 깃발을 들고 프랑스로 돌아가시오!

　　영국의 《펀치》지는 키치너 장군을 영국의 대표적인 캐릭터인 존 불
로 묘사하고, 프랑스의 마르샹 장군을 탐험가, 교수, 악사로 묘사하
며, 파쇼다에서 프랑스가 철수할 것을 완곡하게 주장하였다. **그림4,
5, 6**에서는 존 불이 잔뜩 화가 난 얼굴로 마르샹 장군에게 일갈하고

있다. **그림4**에서 마르샹 장군은 앉은 채로 파이프담배를 피우며 못들은 척 하고 있다. **그림5**에서 탐험가로 묘사된 마르샹 장군은 장총을 옆에 두고 있고, 존 불 역시 장총을 어깨에 멘 채 대치하고 있다.

그림6 그만(Quit)! ― 그럼 답례는 뭘로(Pro Quo)?

존 불: 그만 가보게. 그만 가.
프랑스 악사: 뭐라구요? 내가 가면 답례로 뭘 주실 건가요?
존 불: 네가 그것만 안 하면 뭐라도 주지.

그림6 《펀치》의 풍자화가 존 테니얼(1820~1914)은 존 불을 집 주인으로 묘사하며, 프랑스 악사를 쫓아내려 하고 있다. '파쇼다'라는 오르간에 앉아 있는 원숭이는 프랑스 군복을 입고 있다. 캡션의 "Quit! Pro Quo?"는 답례라는 의미의 라틴어 'Quid Pro Quo'를 변형한 언어유희로 보인다.

영국의 아프리카 식민 정책이 구체화된 시기는 1869년 11월 17일, 수에즈운하가 개통되면서부터였다. 총 169킬로미터, 평균 깊이 8미터의 운하 개통은 유럽과 아시아의 항행 거리를 7,000킬로미터 이상 단축시켰다. 영국이 아프리카로 본격 개입한 것은 수에즈운하가 영국에 양도된 1875년 이후였다. 유럽과 아프리카 대륙 사이에 놓인 '지중해', '홍해'가 영 제국의 '왕관에 박힌 보석(Jewel in the Crown)'인 '인도'로 가는 길의 중간 통로로서 더욱 중요해진 것이다. 영국은 1966년에 이집트의 나세르 대통령이 운하를 국유화할 때까지 근 100년 가까이 수에즈운하를 점유했다.

19세기 말까지 영국은 아프리카를 직간접적으로 지배했다. 영국은 주로 원주민 부족과 현지 군대를 통해 권한을 행사하는 간접통치 방식을 이용했다. 프랑스 영토에 견주어 넓이로는 두 번째였지만, 아프리카 대륙에서 가장 천연자원이 풍부하고 인구가 많아, 높은 부가가치를 가진 지역을 영국이 독점했다.

1879년에 영국은 50년 이상 영국의 통치에 저항한 줄루족을 제압하여 식민지로 삼았다. 줄루족 지도자 샤카(Shaka)는 근대식 무기도 갖추지 못한 채 인근 부족을 규합하며 최신 무기로 무장한 영국의 침략에 맞섰으나 마침내 정복되었다. 수에즈 운하가 위치한 이집트를 1882년에 확보한 영국은, 그 뒤 카이로에서 남아프리카 케이프까지 철도(카이로-케이프철도)를 부설하고자 했으나 결국 완성하지 못했다. 명목상으로 터키 제국이 지배하고 있던 이집트는 제1차 세계대전 발발과 함께 영국의 공식적인 보호령이 되었다. 이집트는 대전이 끝난 뒤인 1922년에야 독립했다.

1898년 9월에 이집트가 지배하던 수단에서 영국군과 프랑스군이 충돌한 파쇼다 사건은 영국과 프랑스 두 나라의 명예가 걸린 문제였다. 영국인들은 케이프타운과 카이로를 철도로 연결하여 아프리카를 종단하고자 했고, 이와 달리 프랑스인들은 나일 강의 수원지를 통제함으로써 수단과 중앙아프리카를 걸쳐 아프리카 동쪽으로 제국을 확장하고자 했다. 파쇼다 사건은 '실질적인 이해 갈등의 문제'라기보다는 '아프리카 분할이 막바지에 이르렀다는 상징'이었다.

4. 아프리카에서의 영국과 프랑스

파쇼다 사건 전인 1885년, 영국의 찰스 고든(Charles Gordon)총독의 원정대가 수단을 남하하여 수도인 하르툼(Khartum)을 점령했다. 하르툼은 파쇼다에서 북쪽으로 약 266킬로미터 떨어진 곳으로, 노예무역의 중심지이자 나일 강의 시작점이며, 백나일과 청나일 두 강이 합류하는 수단의 수도였다. 하르툼은 수단어로 '코끼리의 긴 코'를 뜻한다. 수단은 영국의 섬유공업에 필요한 목화를 공급해주었다. 그러나 하르툼을 점령한 뒤에 영국의 고든총독은 부하들과 함께 이슬람 수니파 신비주의자 마디(Mahdi)를 신봉하는 무슬림 군대와 싸우다 전사했다.

그로부터 13년 후인 1898년 9월 2일 최고사령관 키치너(Horatio H. Kitchener, 1850~1916) 장군의 영국군이 하르툼을 재점령했다. 8천 명의 영국군은 수단 옴두르만(Omdurman)전투에서 유산탄(榴散彈)과 최신 연발총인 맥심(maxim)기관총을 사용한 군사적 우위로 수단군 만 천 명을 죽이고 만 6천 명에게 부상을 입혔다. 이 전투에서 영국군은 48명만이 전사했다.

영국은 수단을 재정복한 이후 이집트와 케이프 식민지(Cape Colony)를 연결하는 아프리카 종단정책을 전개하였다. 영국은 이집트 카이로에서 수단을 남하하여 하르툼을 점령하고, 남아프리카 케이프 식민지까지 아프리카를 종단하다가 파쇼다(오늘날 코도크 Kodok)로 진군한 것이다. 마디군이 파괴하고 방치하여 모기와 악어들이 들끓는 폐허가 된 진흙과 벽돌의 요새 파쇼다는 전략적인 면에서 중요했다. 백나일 서안에 위치한 파쇼다는 건기에는 영국령 이집트로 물이 흘러들어가지 못하도록 할 수 있는 전략 지점이었다.

아프리카를 '주인 없는 땅'으로 간주했던 영국과 프랑스의 경쟁은 파쇼다 사건에서 그 절정에 이르렀다. 1889년 이래 사하라사막 서쪽 다카르에서 중부의 프랑스 영토 콩고를 지나 동쪽으로 횡단하던 대령 휘하의 프랑스군은 1898년 7월 10일, 이집트 · 수단 남부의 나일 계곡에 있는 파쇼다에 도착하여 프랑스 국기를 게양하였다. 이보다 조금 늦게 9월 19일, 하르툼을 점령하고 파쇼다로 진군해온 키치너 장군은 그 곳에 이미 프랑스 국기를 꽂아 놓은 마르샹(Jean-Baptist Marchand) 장군에게 물러날 것을 요구하였으나 프랑스측은 불응했다. 결국 프랑스가 수단을 양보하는 외교적인 절충 끝에 파쇼다 위기는 일단락되었다. 키치너 장군은 그 뒤 보어인들과의 남아프리카 전쟁에서도 영국군을 지휘하였고, 육군 장관으로 활약하다가 1916년 제1차 세계대전 중에 전사했다.

20세기 말, 파쇼다 사건 100년 뒤인 1998년 8월 20일에 미국이 하르툼의 한 화학무기 공장을 파괴했다는 보도가 있었다. 케냐 수도 나이로비와 탄자니아 수도 다르에스살람의 미국 대사관 폭파 사건에 알카에다 세력이 연계된 사실이 드러났다는 것이다. 그 공장은 곧 제약 공장으로 밝혀졌다. 21세기인 오늘날에도 수단과 남수단은 이슬람 극우세력이 장악하고 있는 사실상 무정부 지역이다. 파쇼다 사건으로 상징된 19세기의 마지막 아프리카 쟁탈전은 100년도 더 지난 지금도 계속되고 있는 것일까.

5. 파쇼다 사건 – 프랑스의 시각

LE PETIT CHAPERON ROUGE

▲ **그림7** 빨간 망토(Le Petit Chaperon Rouge)

프랑스는 주로 북서아프리카지역에 거대한 식민 제국을 형성했다. 프랑스는 자국 영토의 14배, 자국 인구의 75퍼센트에 달하는 아프리카 지역을 지배한 것이다. 일상적 행정 업무를 식민지 현지인에게 맡기는 간접 통치를 택했던 영국과는 달리, 프랑스는 직접 통치 방식을 택했다. 프랑스는 1830년 알제리, 1881년 튀니지, 그리고 1881년 모로코 등 북서아프리카에 프랑스인 총독을 파견했다.

프랑스는 튀니지를 놓고 이탈리아와 경쟁했다. 이것이 이탈리아를 프랑스에 맞서는 삼국동맹국의 일원으로 끌어들인 요인 가운데 하나였다. 프랑스는 벨기에와는 오늘날 콩고민주공화국(1997년까지 자이레라는 국명 사용), 콩고공화국, 잠비아, 짐바브웨에 해당하는 지역을 놓고 경쟁하였다. 서아프리카의 말링케(Malinke)인들은 15년 동안 사모리 투레(Samory Touré, 1830~1900)를 중심으로 프랑스의 지배에 맞섰으나, 1898년에 프랑스령 서아프리카(French West Africa)로 병합되었다. 프랑스는 소말릴란드, 적도 아프리카, 모리셔스, 마다가스카르 등을 1880~1890년대에 확보했다.

파쇼다에서 영국과 프랑스의 충돌은 자국의 카툰 저널리즘을 자극했다. 파쇼다 사건에 대한 프랑스 카툰은 영국 《펀치》지의 입장과는 다소 다르다. 당시 《르 프티 주르날 Le Petit Journal》지는 파쇼다 문제로 다투고 있는 영국에 대한 강한 불신의 메시지를 〈빨간 망토Le Petit Chaperon Rouge〉에 빗대었다. 17세기 프랑스의 동화작가 샤를 페로(Charles Perrault)는 〈잠자는 숲 속의 미녀〉, 〈신데렐라〉 등 전 세계 어린이들에게 시대를 초월해 두루 읽히는 동화를 남겼다. **그림7**은 페로의 작품 〈빨간 망토〉에서 모티브를 따온 것이다. 우리나라 동화책에서는 〈빨간 모자〉로 종종 표기되는데, 샤프롱(chaperon)이란 모자라기보다는 그림처럼 두건이 달린 망토를 일컫는다.

그림의 모티브가 된 이야기는 다음과 같다. 소녀가 아픈 할머니를 만나러 가다가 만난 늑대가 할머니 집에 미리 가서 할머니를 잡아먹은 뒤, 할머니로 위장하고 '빨간 망토'를 잡아먹게 되었다는 줄거리이다. 카투니스트는 해당 작품에서 영국을 투구를 쓰고 누워 있는 할머니의 얼굴의 늑대로 묘사했다. 파쇼다에 대한 영국의 야욕을 풍자한 것이다. 침대 옆 방패에는 영국(Albion)이라는 글자가 선명하게 새겨져 있다. 침대 너머로 영국이 이미 차지한 이집트의 스핑크스가 보인다. 빨갛고 작은 승마용 망토를 두른 소녀 프랑스는 '파쇼다 FASHODA'라고 쓰인 커다란 케익을 들고 서 있다. 소녀가 할머니로 가장한 늑대에게 "할머니 이는 왜 그렇게 커요?"라고 묻자, 늑대는 "네가 들고 있는 그 케익, 파쇼다를 먹으려고."라고 답한다. 영국을 큰 이빨을 감춘 탐욕스런 늑대로 묘사한 것이다.

파쇼다 사건을 계기로 프랑스 외교가(街)에서는 '파쇼다 신드롬' 즉, 프랑스의 식민 세력권이 영국의 영향을 쉽게 받을 수밖에 없다는 일종의 증후군이 생겨나기도 했다.

프랑스는 아프리카의 서해안 지역(오늘날 세네갈)에서 시작하여 동사하라사막 남부 즉 오늘날 말리(Mali), 니제르(Niger), 차드(Chad)를 거쳐, 종국적으로는 니제르 강과 나일 강을 연결하고자 했다. 반면 영국은 남아프리카(오늘날 남아프리카 공화국, 보츠와나, 짐바브웨, 잠비아) 영토를 동아프리카(오늘날 케냐)의 영토와 연결시키고, 이 두 지역을 나일분지, 수단과 연결시키고자 했다. 당시 영국의 세실로즈 케이프 식민지 총독은 아프리카를 '영국 영토로 붉게 칠하기를' 원했다. 영국의 아프리카 종단계획, 일명 '레드 라인(red line)'은 케이프−카이로(Cape to Cairo)철도계획에서 드러났다. 이 '레드 라인'은 다카르에서 소말릴란드로 아프리카 대륙을 횡단하려던 프랑스의 계획과 충돌했다.

1899년 3월 영국·프랑스 정부는 나일 강과 콩고 강의 수원을 각자의 세력권의 경계선으로 한다는 데 합의하였다. 프랑스가 수단을 양보하자, 영국은 이듬해 이집트와 수단을 확보하여 종단 정책을 완성했다. 수단을 양보한 대가로 프랑스는 모로코를 세력권으로 확보하였다. 이집트와 모로코에 대한 영국·프랑스의 갈등은 1904년 영불협상에서 일단락된다.

6. 미국 언론이 본 파쇼다 위기

◀ 그림8

뭔가 대가를 지불해야
할 것으로 보이는데…
(Looks As Though Something
Would Have To Give)

그림9 ▶

영국 · 프랑스의 혼선
(The Anglo-French Muddle)

서로(Each) 낮은 목소
리로(sotto voce) : 만
일 이 친구가 양보하
지 않으면 어쩌지(What
if he shouldn't give way)?

미국 언론들은 아프리카대륙을 장악하려는 영국 · 프랑스의 대결을
묘사한 풍자화를 경쟁적으로 보도했다. 파쇼다 사건을 보는 미국 언
론의 시각은 당사국인 영국 · 프랑스의 언론과는 다르게 한층 중립적이다.

7. 영국의 체임벌린 식민 장관과 남아프리카

그림10 보어-하운드(The Boër-Hound)

조 쿰벌린(조셉 체임벌린): 아무리 그래도 그 목걸이를 풀지는 못할 걸
(Slip your muzzle, would you? Well, anyhow, you can't slip your collar)!

아프리카 쟁탈전에서 열강의 이목을 집중시킨 지역은 남아프리카
였다. 이미 17세기에 네덜란드 농민들이 남아프리카에 정착하였고,
그 후손들은 '농부'라는 뜻의 네덜란드 말인 보어인이라 불렸다. '종주
권(Suzerainty)'이라고 쓰인 족쇄를 발 앞에 두고 있는 보어-하운드 개.
몸은 개지만, 얼굴은 트란스발(Transvaal)의 크뤼거 대통령이다. 보어-
하운드란 보어인과 개 품종인 하운드의 조합으로 탄생한 신종 개라는

그림11　　　　　　　　　　　**그림12**

뜻의 일종의 언어유희이지만, 크뤼거 대통령을 비하하는 인종적 의미가 강하게 담겨 있다. 목걸이에 '1884년 회의(Convention 1884)'이라고 쓰여 있다. 그해에 열린 '베를린 서아프리카 회의' 이래 영국이 보어의 종주권을 갖게 되었다는 의미이다. 조셉 체임벌린 식민 장관의 이름이 남아프리카 보어인들의 표기 방식인 조 쿰벌린으로 풍자된 듯하다. Chamberlain의 ch는 네덜란드어의 '크흐' 발음이 된다.

　그림11에서는 보어인들의 나라 트란스발(TRANSVAAL)과 오렌지공화국(E'TAT D'ORANGE)이 손을 잡자, 영국(ALBION)의 얼굴이 잔뜩 일그러졌다. '잔뜩 찌푸린 얼굴(Une Belle Grimace)'이라는 캡션처럼 영 제국은 주름지고 노쇠한 노인의 모습이다.

　그림12에서 영국의 체임벌린 식민 장관의 옷은 지워지지 않는 트란스발 잉크로 얼룩져 있다. 1815년의 비엔나 회의에서 남아프리카에 대한 지배권을 얻은 바 있는 영국은 서서히 통치권을 잠식해 들어가

보어인들을 북쪽으로 밀어내기 시작했다. 1860년대에는 이 지역에서 금과 다이아몬드가 발견되면서 몰려든 영국인들과 보어인들의 마찰이 빈번해졌다. 마침내 19세기 말 20세기 초 3년 동안 보어전쟁으로까지 확대되었고, 영국은 40만 병력을 동원했지만 고전을 면치 못했다. 결국 영국은 트란스발 공화국의 독립을 승인한다. 체임벌린은 보어전쟁을 적극적으로 지지함으로써 제국주의자라는 비난을 받았다.

체임벌린은 1895년에 식민 장관이 되자마자 아샨티(Ashanti) 정복을 승인하고, 스콧 제독(Colonel Sir Francis Scott)으로 하여금 황금해안(Gold Coast)으로 가는 영토를 병합하여 새로 획득한 지역을 철도로 연결시키고자 했다. 서아프리카가 경제적으로 막대한 잠재력을 가진 것으로 확신한 체임벌린은 이 지역에서 프랑스와 대립하게 될 것이라고 생각하여, 보호 관세 체계를 더욱 공고히 했다. 체임벌린은 '프랑스와 전쟁을 치르는 한이 있더라도, 황금해안, 라고스(Lagos), 니제르(Niger) 지역의 적절한 영토를 확보해야 한다'고 주장했다. 당시 솔즈버리(Marquess of Salisbury) 외무 장관으로 하여금 프랑스와 교섭에서 강경한 입장을 고수하도록 만든 것도 그였다.

아프리카 최남단에는 네덜란드 동인도회사가 1652년에 건설한 케이프 식민지가 있다. 이곳은 1869년 수에즈운하가 개통하기 전까지 유럽과 아시아를 잇는 항로의 중요한 중간 보급기지였다. 케이프 식민지와 나탈이 영국 영토가 되면서 오지로 쫓겨난 '보어'라 불린 네덜란드계 이주농민들은 원주민을 복속시킨 뒤, 1852년 남쪽에 트란스발 공화국과 1854년 북쪽에 오렌지 자유국을 건립했다. 그런데, 1867년 오렌지 자유국 킴벌라에서 다이아몬드 광산이 발견되고, 1886년 트란스발 공화국의 요하네스버그에서 세계 제일의 금광이 발견되자, 케이프 식민지(Cape Colony) 총독이던 제국주의자 세실 로즈는 트란스발과 오렌지 자유국을 합병하고자 했다.

이와 달리, 신생 트란스발 공화국의 크뤼거 대통령(1883~1900 재임)은 독일의 무장 지원을 받아 대규모 군사력 양성을 꿈꾸었다. 어린 시절 영국에 쫓겨 오렌지 강 북쪽으로 이주해야 했던 크뤼거는 오랫동안 영국에 대한 반감을 품어 왔던 인물이다. 크뤼거가 영국에 최후 통첩함으로써 보어전쟁이 일어났다. 트란스발과 오렌지 자유국이 1899년에 영국에 선전포고했을 때, 영국은 20만 명 이상의 군대를 보내 1900년 트란스발 공화국의 수도 프레토리아를 점령했다. 영국은 보어인들의 게릴라전에 맞서 다시 25만의 군대와 막대한 전비(戰費)를 투입하여 1902년에 트란스발과 오렌지 자유국을 식민지화했다. 이 전쟁을 남아프리카전쟁 또는 제2차 보어전쟁이라고 부른다.

남아프리카연방은 20세기 초에 자치를 인정받은 트란스발과 오렌지공화국, 케이프식민지, 그리고 나탈(KwaZulu-Natal)로 구성되었다. 남아프리카연방의 초대 수상 보타는 보어인들의 협력을 바탕으로 철저한 흑백 분리 정책(아파르트헤이트)을 펼쳤다. 남아프리카공화국에서 흑백분리 정책을 완전히 철폐한 이가, 지금은 타계했지만 2011년 말에 대통령으로 당선된 넬슨 만델라였다.

제4장 청 제국과 열강

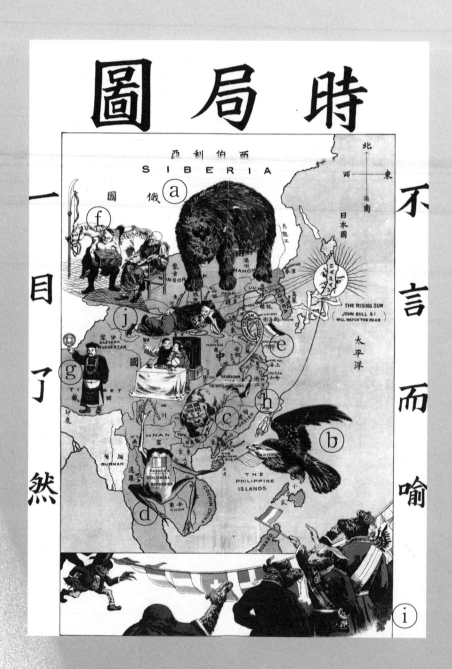

이 그림은 1898년 7월 홍콩보(香港報)에 실렸던 원판 시국전도(91쪽)를 바탕으로 1903년에 《아사경문 俄事警聞》이 게재한 신판 시국도이다.

만리장성 이북 만주 지역과 몽골지방에서 남쪽을 내려다보고 있는 러시아 곰ⓐ. 곰의 뒷발은 조선(Corea)의 압록강 기슭까지 걸쳐 있다. 광저우(廣州)만을 차지하기 위해 필리핀 쪽에서 중국 남동부로 날아드는 미국 독수리ⓑ. 잉글리쉬 불독ⓒ의 꼬리와 몸통은 황허(黃河) 강과 양쯔(揚子) 강을 가로질러 홍콩(香港)과 주룽(九龍)반도 쪽으로 길쭉하게 뻗어 있다. 영국이 청국에서 이미 가장 많은 이익을 차지하고 있다는 의미이다.

프랑스 개구리ⓓ는 중국 남부의 3성 윈난(雲南), 광둥(廣東), 광시(廣西)를 차지하고 있다. 영국에서는 17세기 이래로 프랑스의 국가 이미지를 개구리로 풍자해 왔다.[22] 이 그림을 그린 중국 풍자만화의 원조 시에주안타이(謝纘泰, 1872~1937)가 영국의 이런 화풍을 참고한 것일까. 프랑스에서는 올챙이 시절을 거쳐 능숙하게 뛰어 다니는 개구리를 지금도 국가 이미지로 사용하기도 한다.

독일은 소시지ⓔ의 모습으로 산둥(山東)반도를 감싸고 있다. 소시지에 "독일 소시지의 야망(German Sausage Ambition)"이라 적혀 있고, 옆에는 독일 국기가 그려져 있다.

러시아 곰 왼쪽으로 낙타와 회교도가 앉아 있는 곳ⓕ은 오늘날 신장(新疆)자치구이다. 그 아래 티베트 지역에 서 있는 이ⓖ는 티베트인이라기보다는 청국의 정책으로 이주한 만주인 모습이다.

타이완(臺灣)은 청일전쟁에서 승리한 일본이 이미 차지했다. 태양으로 묘사된 일본과 타이완은 긴 끈으로 연결되어 있다.

그림 아래 부분에는 동물의 탈을 쓴 유럽 열강ⓘ이 중국을 바라보며 운집해 있다. 열강이 호시탐탐 영토를 앗아가는 상황에서도 그림 한가운데 청국의 위정자들과 국민들ⓙ은 연회와 낮잠(또는 아편?)에 빠져 있다.

과연 '일목요연(一目了然)하게 말없이 깨우쳐주는(不言而喻) 시국도(時局圖), 풍자화가 아닌가.

I. 청국과 유럽 열강

그림1 유럽 고양이와 아기천사(The Cat and the Cherub)

유럽(EUROPE)이라 쓰인 리본 띠를 목에 맨 탐욕스런 고양이가 청 제국(CHINA)의 천진난만한 아기 천사 케룹(cherub, 서양 미술에서 아 기 형상을 하고 날개가 달린 모습으로 자주 묘사되는 기독교의 천사 케루빔)을 위협하고 있다. 1898년 청국의 영토는 독일, 러시아, 일본, 프랑스, 영국 등 열강의 세력권으로 분할되었다. 그러므로 이 그림은 청국의 조차지를 획득하는 유럽 열강의 탐욕을 풍자한 것이다.

청국의 세력권 분할 과정은 1897년 말부터 도미노처럼 전개되었 다. 1897년 11월에 독일이 산둥반도의 자오저우 만 조차를 시작으로, 1898년 3월에 러시아가 랴오둥반도의 뤼순, 다롄을, 4월에 영국이 산 둥반도의 웨이하이웨이를 조차했다. 독일, 러시아, 영국이 산둥반도 와 랴오둥반도를 차지한 것이다. 프랑스와 일본도 4월에 각각 광저우 만과 푸젠(福建) 성을 조차함으로써 중국 동부가 열강의 세력권으로 잠식되었다.

이교도 중국놈들(The Heathen Cheene)!
이교도 중국놈들(The Heathen Cheene)!

‘기독교 팽창’에 훌륭한 중간자 노릇을 히지.
중국놈들이! ‘동방의 꽃의 나라’에서.

우리는 앞으로 펼쳐질 향연에 독수리처럼 덮칠 거야.
이교도 중국 놈들에게 진정한 빛이 비치도록.
기독교 해군국들과 모든 기독교도들에게 자유를 주어야 하므로…

만일 러시아가 중국인들을 “개종시키려 한다면”
당연히 우리에게도 세력권을 보장해주어야 해.
만일 독일의 ‘사명’이 기도회를 열고자 하는 데 있다면,
그 과업을 이루는 것도 우리 기독교들이 함께 해야 할 의무이지.
우리에겐 엽전(교역에 필요한–필자)을 만들어 내야 할 의무도 있지.
‘교역’을 자극하는 데는 ‘종교’만한 것이 없지.

그러니 우리의 교사, 선교사, 군인들이어 모두들 오라,
언론과 훌륭한 작가들의 지지를 받고,
한 줄기 문명의 혜택일망정,
이 암흑 속에 짓밟힌 중국에 전해주자.
우리 기독교의 “좋은 말씀들”이
저 중국 놈들을 변화시킬 날을 보게 되리.

1897년 12월 29일

"The Heathen Chinee! The Heathen Chinee!"

▲

그림2 이교도 중국놈들(The Heathen Cheene)! 이교도 중국놈들(The Heathen Cheene)!

그림2는 프랜시스 굴드(Francis Carruthers Gould, 1844~1925)가 자신의 화보집에 〈이교도 중국놈들!〉이라는 시와 함께 같은 제목으로 게재한 이미지이다.

1897년 11월 독일의 자오저우 만 점령과 조차, 그리고 그 해 12월의 러시아의 뤼순, 다롄 점령 상황을 포착한 작품이다. 그림에서는 우리 안에 갇힌 변발의 청국인이 열강에 의해 갈기갈기 찢기고 있다. 청국인의 변발은 독일 독수리가 잡아당기고, 한 팔은 러시아 곰이 잡아빼고 있다. 산둥성에서 독일인 선교사가 피살된 사건을 계기로 독일은 청국에 자오저우 만 조차를 요구하였다. 독일의 자오저우 만 조차는 열강의 중국 분할의 방아쇠였다.

그런가 하면, 독일과 러시아의 손을 맞잡은 행동에 러시아의 동맹국인 프랑스 닭은 의심의 눈초리를 보내고 있다. 러시아·프랑스동맹(1894~1918)이 깨지지 않을까 우려해서다. 우리 안에 본격적으로 들어서지는 않았지만, 영국 사자와 미국의 엉클 샘은 담장 밖을 거닐며 상황을 주시하고 있다. 미국이 1898년 이전에 중국 시장에 본격적으로 뛰어들지 않은 것으로 묘사한 프랜시스 굴드의 묘사는 정확하다.

영국을 멀찌감치 떨어져 있는 열강으로 묘사한 데는 이유가 있다. 영국은 독일, 러시아, 프랑스와는 달리 양쯔강 유역을 비롯한 중국 내륙에서 가장 많은 기득권을 가지고 있었기 때문에 청국의 분할을 원하지 않았다. 청국의 '현상(現狀, Status Quo)'이 바뀌는 것을 원치 않았던 점에서 영국은 다른 유럽 열강과는 처지가 확연히 달랐다.

2. 열강의 청국 분할과 미국

Latest Entente Cordiale in the Far East.

그림3
동아시아에서 있었던 최근의 진정한 협상(Latest Entente Cordiale in the Far East)

  영국, 독일, 러시아가 각기 자국 이름이 적힌 방망이를 청국의 머리 위에 들고 내려칠 듯 위협한다. 이런 세 나라의 행동을 〈동아시아에서 있었던 최근의 진정한 협상〉이라는 캡션을 달았다. 청국인의 양 손에는 자오저우와 뤼순의 조차협정 문건이 들려 있다. 청국이 1897년 말과 1898년 초에 독일 및 러시아와 체결한 조차협정 문서이다.

Uncle Sam's New "Civilized" Neighbors.　　—Denver Evening Post.

그림4
엉클 샘의 "문명화된" 새 이웃들(Uncle Sam's New "Civilized" Neighbors)

　독일은 청국인의 변발을, 러시아는 다리 한 쪽을 잡아당기고 있다.
러시아의 동맹국 프랑스도 청국인의 옷자락을 잡아당기고 있으므로
거구의 청국인은 몸을 제대로 가눌 수 없다. 영국과 일본은 멀찌감치
서서 이를 지켜보고 있다. 영일 두 나라가 아직 동맹을 체결한 것은
아니지만, 동아시아에서 이미 가까워졌음이 잘 나타나 있다. 키가 훌
쩍 큰 미국 엉클 샘은 '문명화된' 새 이웃들을 예의주시하고 있다. 유
럽 열강이 '문명'의 이름으로 청국을 거칠게 분할하는 데 대한 미국 언
론의 풍자이다.

RUSSIA—That's My Shanghai
GERMANY—He's My Cochin
ENGLAND—I Supposed That Was My Fowl
JAP—Well! "He's a Bird"

그림5 동양의 상황(The Situation in the Orient)

러시아: 저건 내 고무줄 새총용이야(That's my shanghai)
독일: 내 아시아산 육용 닭이야(He's my cochin)
영국: 내가 집에서 키웠던 날짐승인데(I supposed that was my fowl)
일본(Jap): 글쎄, 그냥 새인데…(Well! He's a bird)

그림5 청국이 사람 얼굴에 변발을 갖춘 칠면조로 기이하게 묘사되어 있다. 이 그림에서는 당시 열강이 청국을 어떻게 바라보고 있었는지가 적나라하게 드러나 있다. 독일은 칠면조의 다리 한 쪽을 묶은 밧줄을, 러시아는 변발을 잡아당기고 있다. 청국에서 기득권을 가장 많이 가지고 있던 영국은 청국의 분할 상황을 심각한 표정으로 지켜보고 있다. 뒤편에는 아직 청국 분할에 본격적으로 가세하지 않은 일본의 모습이 보인다. 캡션에 일본을 잽(Jap)이라 표현한 것은 일본을 업신여긴 호칭이다.

청국 몸통에 china라고 적혀 있는 것으로 보아 청국의 얼굴은 사람으로 반은 짐승으로 표현했다. 그러나 청국은 고무줄 새총(shanghai)의 놀잇감도, 육용닭(cochin)도, 씨암탉(fowl)도, 새(bird)도 아닐 터이다. 청국을 오로지 분할 대상으로만 바라본 탓이다. 캡션의 언어는 이렇게도 해석될 수 있다. 영국의 세력권인 상하이를 러시아가 넘보고 있고, 프랑스의 세력권인 코친차이나(오늘날 베트남의 일부)를 독일이 넘보고 있다는 의미로도 읽힌다. 이미지와 캡션 모두 풍자화 특유의 언어유희인 셈이다.

3. 비고가 본 열강의 청국 분할

그림6

변발을 잡아당기고…

그림7

몸뚱이를 짓누르고…

그림8

추궁하고…

그림9

제멋대로 침범하고…

그림10

다그치고…

그림11

협박하고…

프랑스 풍자화가 조르주 비고는 청 제국을 분할하고자 열강이 이 나라를 어떻게 다루었는가를 냉소적이면서도 적나라하게 비판하였다. 여기 소개하는 6편의 풍자 화보들은 그 어떤 문헌 자료나 외교 문서와 대조해보아도 사료로서 손색이 없을 정도로 당시의 역사적 상황을 정확하게 묘사하였다. 비고는 청일전쟁기 종군기자이자 일러스트레이터로서 한반도를 다녀간 적이 있다. 비고만큼 시시각각 변화하던 1898년 동아시아의 국제 상황을 정확하게 포착한 아티스트도 찾아보기 힘들다.

그림6 독일군이 산둥반도에서 있었던 독일 선교사 살해 사건을 빌미로 청국인의 변발을 잡아끌며 거칠게 항의하고 있다. 이 사건을 구실로 독일은 세 척의 군함(Prince Wilhelm호, Kaiser호, Gifion호)을 이끌고 자오저우 항에 침입하여 결국 해군기지를 얻었다.[23]

그림7 청국인을 깔고 앉아 있는 열강. 왼쪽부터 영국, 독일, 러시아, 그리고 프랑스이다. 통나무 밑에 깔려 있는 청국인은 압사당하기 일보직전의 모습이다. 청국인의 허리 위 통나무에 앉아 있는 열강의 표정은 하나같이 태연하다. 뒤늦게 일본도 그 위에 앉아 보겠다고 사다리를 들고 다가온다. 영국은 대열에 합류하려는 일본에게 손바닥을 보이며 제지한다.

그림8 러시아 군인이 청국인에게 뤼순·다롄을 조차할 의사를 표현하고 있는 듯하다. 그림 안쪽으로 멀리 뤼순(旅順)·다롄(大連)의 표지판이 보인다. 러시아인은 독일에 자우저우(膠州) 만 조차를 허용했다면, 러시아에게도 뤼순·다롄의 조차를 허용해주어야 할 것 아니냐고 청국인을 다그치고 있다.

그림9 러시아는 뤼순·다롄을 차지하여 당시 부설 중이던 시베리아철도의 만주 관통 구간인 '동청(東淸)철도(Chinese Eastern Railway, 오늘날 中東철도)'의 '남만주 지선(支線)(South Manchurian Railway)'을 부설

할 참이다. 다롄만이라는 표지판이 있는 것으로 보아, 러시아인은 뤼순까지 철도를 부설하고 증기기관차를 달리게 할 태세이다. 결국 러시아는 러일전쟁 이전까지 치타 주에서 블라디보스토크까지 동청철도를, 그리고 하얼빈에서 뤼순, 다롄까지 남만주지선을 부설했다.

그림10에서 러시아 군인이 침대(뤼순)을 차지하고 앉아 있다. 서로 연인인 것처럼 묘사된 영국인이 러시아 남자를 침대로 끌어들인 청국 여인에게 따지고 있다. 러시아의 뤼순 점령을 허용하다니 말이 되냐고 묻는 듯하다. 청국에서 가장 큰 이권을 쥐고 있었던 만큼 영국은 러시아의 뤼순 점령에 큰 충격을 받은 듯하다. 러시아는 태연하게 침대에 걸터앉아 (뤼순을 점령한 채)물러날 기색이 없어 보인다.

그림11 영국인이 청국인을 거칠게 다그친다. 독일과 러시아에게 조차지를 허용한 데 대해 항의하는 듯하다. 독일은 자오저우 만을 차지한 채 여유로운 모습이고, 이제 막 뤼순·다롄을 조차한 러시아는 뤼순을 군항으로, 다롄을 상업항구로 만들기 위해 열심히 삽질 중이다. 다롄은 멀다는 뜻의 러시아어 달느이에 근거한 지명이다. 일본은 러일전쟁기에 이 지역을 차지한 뒤에 일본과 대륙을 연결한다는 의미에서 한자어로 다롄과 비슷한 음차어로 다롄(大連)이라 이름 붙였다.

4. 오스트리아 언론의 시각

오스트리아의 풍자잡지 《데어 플로 Der Floh》는 동아시아의 상황을 어떻게 표현했을까. 독일과 오스트리아의 유머 코드는 풍자의 폭과 유머의 깊이가 영·미권과는 많이 다르다. 기본적으로 유럽의 국제관계를 바탕으로 동아시아의 상황을 예리하게 포착하되, 비교적 객관적인 시각을 견지한 특징이 있다. 《데어 플로》지는 다른 풍자 잡지들과는 달리 청국의 입장에서 열강을 풍자하는 경향이 강하다. 잡지가 발행된 순서대로 1897년 말의 2편, 1898년의 6편, 총 8편을 소개해본다.

그림12

그림12에서는 독일 제국이 (당시 청국을 방문한 하인리히 왕자로 표현) 중국의 리훙장(李鴻章) 북양대신에게 자오저우 만 조차를 강제하고 있다. 독일인의 손엔 조차(租借) 계약서가 들려 있다. 리훙장은 독일이 99년 동안 자오저우 만을 탈취하게 된 것을 강력하게 비난했다. 당시 미국신문에 보도된 헤드라인에 따르면, 리훙장은 청국이 근자에 서구 열강과 치른 전쟁(제2차 아편전쟁)에서도 아직 회복이 안 된 상태라며 유럽 국가들이 자행한 행동에 항의했다.[24]

그림13 미식가들을 위한 향연   **그림14** 중국식 거위구이

그림13 독일이 자오저우 만을 차지하고, 러시아가 뤼순, 다롄을 차지한 것과 달리 영국은 아직 새로운 지분을 확보하지 못했음을 토로한 내용이다. 그림에서 독일과 러시아는 사이좋게 중국 케익(CHINA)을 잘라서 맛있게 시식하고 있다. 그 옆에서 영국은 다음과 같이 불평한다. "만약 이 테이블에 (나눔의) 미덕이 있다면, 나도 (그동안 내가 저지른—필자) 악덕을 토해낼 텐데." 가장 많은 기득권을 가지고 있었으나 유럽 열강과의 청국 분할 경쟁에 잠시 뒤져 있던 영국이 한 말이다. 영국인은 테이블에 미덕이 있기를 기대하며 이제껏 청국에서 차지한 것들을 게워내는 몸짓을 보이고 있다. 청국 분할의 세계는 '나눔의 미덕'이 없는 악덕의 세계였다. 영국도 머지않아 웨이하이웨이를 조차하며 악덕의 세계, 그 중심에 서게 된다.

그림14 독일과 러시아가 사이좋게 청국 거위에게 푸딩을 먹이려 하고 있다. 영국인 존 불은 이에 대해 "좋아, 나는 나의 푸딩에 만족해.

그림15

"안타깝네요, 영국 양반, 너무 늦게 오셨어요, 보시다시피 모두 찼어요."

만일 거위가 요리된다면, 젠장, 그러면 내가 조그만 조각이라도 다시 얻을 수 있을 지 지켜봐야지."라며 다소 여유 있는 표정이다. 영국이 여전히 청국에서 가장 넓은 지역과 가장 큰 경제적 이해를 가지고 있기 때문이다.

그림15 청국 인력거꾼이 헐레벌떡 다가오는 영국 신사에게 다음과 같이 말한다. "안타깝네요, 영국 양반, 너무 늦게 오셨어요, 보시다시피 모두 찼어요." 인력거꾼의 설명대로 맨 앞 쪽 인력거에서 빼꼼하게 고개를 내민 사람은 '뤼순(Lüshun)'을 조차한 러시아인이고, 두 번째 인력거에서 내다보는 이는 '교주(Kiouchow) 만'을 조차한 독일인이다. 이 그림에 나타난 지명은 중국 지명의 옛 로마자 표기 방식(wade-jile system)에 따랐다.

◀ 그림16

여기 꽃이오! 저기도 꽃이오! 그
리고 또 여기도 꽃이오! 말씀만 하
세요. 내 물건은 떨어지지 않는답
니다. 아니 원하십니까? 미스터
존 불? 오늘은 다 팔렸네요. 자,
이제 파트너를 바꾸고 걸음을 옮
깁시다(Allez, Changez, Marchez)!

변발의 중국인이 열강에 꽃을 팔고 있다.

그림17 ▶

중국 여성: 신사님들, 점잖
게 순서대로 말씀하세요. 보
시다시피 난 단지 아주 작
은 두 발만 가지고 있으니까

　　유럽의 무도회에서 중국 여성이 유럽 열강의 남성들로부터 댄스 파
트너 요청을 받고 있다. 가장 먼저 파트너 요청을 하고 있는 사람은
자오저우 만 조차(租借)를 요구한 독일 남성이다. 중국 여성의 발은 전
족(纏足)을 표현한 듯 아주 작게 묘사되어 있다.

◀ 그림18

정치적 치정싸움

영국인: 쳇, 나도 원래는 중국인이라고 생각하는데

러시아인과 중국 여인의 다정한 모습을 지켜보는 영국인의 시기 어린 표정이 눈에 띤다. 러시아와 청국이 친밀한 것에 영국은 몹시 서운한 모습이다. 청국에서 가장 큰 이권을 쥔 나라가 영국이기 때문이다.

그림19 ▶

중국 양: 사람들(열강)이 이 놀이를 왜 즐기는지 모르겠어

러시아의 뤼순·다롄 조차를 풍자한 그림이다. 러시아인의 품에 안겨 털을 깎이고 있는 중국 양은 불만을 토로한다. 이 모습을 영국, 프랑스, 독일이 지켜보고 있다.

5. 청국에서의 영국 - 미국 언론의 시각

그림20 훼방(interruption)

　그림20에서 미국의 《퍽》지는 영국의 모습을 절대 강자의 모습으로 그렸다. 중국 황제의 찡그린 얼굴이 그려진 중국 지도 위를 밟고 선 위풍당당한 영국 사자. 독일 독수리와 러시아 곰이 각각 자오저우 만과 뤼순을 점령하자, 영국은 청국에서의 기득권 세력으로서 도저히 용납할 수 없다는 듯한 표정이다. 자국의 몫을 보장하라는 듯 스스로를 가리키고 있다. '사자'의 '훼방'에 독일 독수리와 러시아 곰이 놀란 표정을 짓는다.

　그림21에서는 성난 영국 황소(bull)가 중국의 도자기 가게(china shop)에 난입했다. 영국은 아직 중국에서 자유무역항을 확보하지 못했는데 유럽 국가들은 이미 확보했다며 잔뜩 화가 나 있다. 중국 상점의 도자기들은 이미 입도선매되었다. 다롄 도자기는 러시아에, 자오저우

그림21 도자기 가게 안의 황소(The Bull in the China Shop)

말썽꾸러기 유럽 국가들! 영국은 중국에서 아직 자유항도 확보하지 못했단 말이야
(What the European Trouble-Makers! England Doesn't Get Free Ports in China)

만은 독일에, 뤼순은 러시아에, 하이난 섬, 통킹 만, 광저우는 프랑스
에 각각 매입되었다. 타이완과 홍콩에 대한 언급이 풍자화에 없는 이
유는 타이완은 1895년에 끝난 청일전쟁 이래 이미 일본이 차지한 상
태였고, 홍콩은 아편전쟁 이후 영국이 조차기한을 명시하지 않은 채
이미 가지고 있었기 때문이다.

　성난 영국 황소가 상점에 난입해 도자기들을 깨뜨리는 장면을 미국
의 엉클 샘은 창 밖에서 흥미롭게 지켜보고 있다. 웨이하이웨이 부채
를 들고 서서 청국의 분할 상황을 지켜보고 있는 일본 여성은 몹시 흥
미진진한 표정이다. 열강이 청국을 분할하는 과정에서 독일, 러시아,
프랑스의 삼국간섭의 연대와 또 다른 영국 · 일본 · 미국의 공동전선이
1898년에 형성되어가고 있음을 시사한다. 청일전쟁 이후 동아시아에
서 형성된 세력 균형이 1898년에는 거의 고착화하였음을 말해준다.

6. 청국과 영국 – 영국 언론의 시각

◀ **그림22**

청국인 존을 말에 태우고
(Giving Him a Lift)

영국인 농부가 청국인 존에게
(Farmer Bru to John Chinaman):
나와 함께 해야 해, 조니. 우리
함께 일을 도모하자고. 아무도
자네를 '넘보지' 못하게 할 테니
(You stick to me Johnnie. We'll
go to market together. And I'll
see that no one 'bests' you)

▲ **그림23** 꽉 잡아줘요, 존(Hold On, John)!

영국의 《펀치》지가 바라보는 청국과 영국의 관계는 미국 《퍽》지의 시각과는 사뭇 다르다. **그림22**에서는 영국의 존 불이 자신이 타고 가는 말 위에 청국인을 태우고 가며 회유하고 있다. 영국의 존 불이 청국인을 조니라고 친근하게 부르는 것 자체가 곧 영국과 청국의 관계가 정국과 다른 열강과의 관계와 다를 뿐만 아니라, 영국이야말로 중국에서 가장 큰 영향력을 가지고 있는 나라임을 암시한다.

이 같은 시각은 **그림23**에도 나타난다. 독일인이 청국인의 팔을 잡아당기고 있고, 러시아인·프랑스인은 동맹답게 청국인의 발을 한 짝씩 잡아당기고 있다. 이와 달리 영국은 유럽 열강이 청 제국을 분할하는 상황에서도 빈사상태의 청국인을 부축하고 있다. 그러니 청국인은 영국에게 자신을 '꽉 붙잡아 달라'고 호소할 수밖에 없다. 이처럼《펀치》지의 시각은 청국에서 영국만큼 가장 큰 이해관계를 가진 나라가 없으며, 궁극적으로 영국 우위의 현 상태(Status Quo)를 유지하고자 청국의 분할에 반대함을 분명히 드러냈다.

청국과 영국은 여러 가지 점에서 동아시아에서 이해가 일치했다.[25] 인도 총독 조지 커즌 경(Sir George Curzon, 1899~1905 재임)은 청일전쟁 이후 청국과 영국의 이해관계를 조목조목 분석한 바 있다. 그에 따르면, 조선에서 러시아 군대를 내쫓고 러시아 함대를 황해(서해)에서 철수시키기를 원했던 점에서도 청국과 영국 두 나라는 이해관계가 일치했다. 영국의 웨이하이웨이 확보가 그것을 말해준다. 러시아의 시베리아 횡단철도 완공은 청국에는 심각한 영토상의 위협이 될 것이며, 영국에게 러시아가 아시아 무역의 위협적인 경쟁상대가 된다는 걸 의미했다.

중앙아시아에서도 청국과 영국은 러시아와 국경을 맞대는 사태를 피하고자 했다. 청국은 야르칸드(Yarkund)와 카슈가르(Kashgar)를 보유하기 위해 파미르 지역의 국경을 방어하고자 했다. 영국도 힌두쿠시(Hindu Kush)나 카라코람(Karakoram)에서 러시아와 국경을 맞대는 사태를 피하고자 했다. 청국은 러시아가 호시탐탐 노리고 있는 티베트에 대해서도 큰 가치를 두고 있었다. 영국은 러시아가 티베트를 차지하는 상황을 환영할 리 없었지만, 청국의 티베트 지배에는 아무런 이의가 없었다.

시암(Siam, 오늘날 타이)과 버마(Burma, 오늘날 미얀마) 지역에서 프랑스의 호전적 움직임도 청국에게는 심각한 문젯거리였다. 청국은 프랑스가 통킹 만을 도둑질해 간 것에 분개하고 있었다. 인도제국의 경계에서 프랑스와 이웃할 생각이 없던 영국에게도 이 상황은 용납될 수 없는 것이었다. 그러므로 이 그림처럼 동아시아에서 영국과 청국이 상호 긴밀히 이해관계를 같이하는 데는 충분한 이유가 있었다.

7. 청국 분할과 일본-비고의 시각

웨이하이웨이는 청일전쟁기인 1895년 1월 중순 산둥반도를 공략하던 야마가타 아리토모 제1군 사령관의 권고에 따라 청국으로부터 마지막 배상금 상환이 이루어질 때까지 일본 군대가 주둔했던 지역이다. **그림24**의 무대는 자오저우(Kiachow) 만과 웨이하이웨이(Weiheiwei)이다. 자오저우 만을 차지한 독일과 이를 묵인해준 러시아가 무언가 모의하는 듯 은밀한 눈빛을 교환하고 있다. **그림25**에서 일본 군인은 시가를 피며 여유롭게 서 있는 듯하나, 표정에서 초조한 내심이 엿보인다. 이곳에 주둔한 일본이 자오저우 만을 차지한 독일과 이를 묵인해준 러시아를 심각하게 바라보고 있었다는 점은 **그림24, 25**의 모습에서 그대로 드러난다.

◀그림24

그림25 ▼

그림26

그림27

그림26에서는 뤼순·다롄을 장악한 러시아 곰 앞에서 영국군은 피리를 불고 일본인은 장구를 친다. 일본의 눈길은 러시아 곰을 유심히 살핀다. 1897년 말과 1898년 초 일본함대는 대한해협을 장악하고 나가사키에 주둔하고 있는 러시아 함대를 저지하기 위해 쓰시마에 집결했나.[26] 두 나라 함대의 이동을 상상해보자. 영국과 일본 함대가 웨이하이웨이와 대한해협을 장악하고 있는 한, 러시아 함대가 블라디보스토크와 뤼순에서 남하하거나 이동할 경우 크게 제약을 받을 수밖에 없다. 영국의 동아시아 함대는 1897년 12월 30일에 제물포에 집결하여, 러시아 함대를 감시하고 만일의 사태에 대비하라는 비밀 명령을 받은 상태였다.[27]

뿐만 아니라 영국은 일본에게 웨이하이웨이를 넘겨줄 것을 요청하고, 1898년 3월 25일에는 청국에 웨이하이웨이 조차를 요구하기로 결정하였다. **그림27**에서 나타난 바와 같이, 영국은 군함 수척을 뤼순에 파견하면서, 만일 자국의 웨이하이웨이 조차를 승인한다면 러시아의 뤼순 조차를 기정사실로 받아들이겠다며, 4월 1일에 자국의 웨이하이웨이 점령을 청국 정부에 통지하였다. 웨이하이웨이를 상징하는 오리가 담겨 있는 《텔레그래픽 뉴스 Telegraphic News》가방을 맨 영국인이 북경 정부에 통고했던 전문(TELEGRAM)을 일본에 통보하고 있다. 영국인과 일본인이 서로를 바라보는 눈빛이 매우 친밀해 보인다. 당시 영국은 이 그림처럼 웨이하이웨이를 오리로 상징했다. 1898년 이래 (1930년까지) 사용했던 웨이하이웨이 깃발에도 영국기 옆에 오리가 그려져 있다.

8. 웨이하이웨이 조차에 성공한 영국

그림28

이제 웨이하이웨이는 우리 것이야(We're Safe in Wei-Hai-Wei)

웨이하이웨이

저돌적인 애국주의자(Jingo)들이 큰 소리로 외치는구나.

더 이상 불만에 차서 울지 않게 되었노라고.

'동양'이 '서양'에 의해 정복되었다.

우리가 웨이하이웨이를 차지했다.

우리 가운데 어느 누구도 그 곳이 어디인지 모르고,

왜 그런지는 모르겠지만,

웨이하이웨이를 차지하며

우리가 영웅적 열정을 느껴서는 안 되지.

인도의 조지 커즌 총독이 그 곳을 본 적이 있지.

대단히 혈기왕성한 조지는,

그 곳을 차지해야만 한다고 선언했지,

우리가 웨이하이웨이를 차지해야 한다고.

독일과 러시아 함대? 아하!

누가 그 잔챙이 피라미들에 신경을 쓰지?

우리는 그대들의 용맹한 위업을 비웃는다네.

이미 우리는 웨이하이웨이를 차지했으니까.

1898년 부활절에

웨이하이웨이를 차지했으니, 자오저우 만을 가진 독일이나, 뤼순·다롄을 손에 넣은 러시아가 두려울 게 없다는 영국의 자신감이 표현되어 있다. 승리감에 도취한 저돌적 애국주의자들의 외침이 들리는 듯하다. 영국은 웨이하이웨이를 차지함으로써, 뤼순·다롄과 블라디보스토크를 연계하려는 러시아의 계획을 차단할 수 있을 뿐 아니라, 한반도에서의 러시아의 영향력을 견제하는 일석이조의 효과를 거둘 수 있었다.

실제로 조선해관의 총세무사로 자국인 맥리비 브라운(John McLeavy-Brown)이 러시아의 알렉세예프(Yevgeni Ivanovich Alekseyev)로 교체되자, 영국은 인천과 웨이하이웨이에 함대를 정박시켜 러시아를 위협했다. 이 때 일본 함선은 대한해협을 차단함으로써 영국의 행동에 가세했다.

뤼순·다롄을 차지한 뒤에 러시아 태평양함대는 블라디보스토크와 뤼순·다롄에 분산 배치되었다. 러시아 태평양 함대가 두 기지를 자유롭게 항행한다는 의미는 한반도가 자연스럽게 러시아 세력권 안에 들어간다는 것을 의미했다. 이 점에서 러일전쟁은 필연적이었다. 러시아로서는 태평양 함대가 나누어 정박하고 있던 블라디보스토크와 뤼순·다롄의 연결선을 포기할 수 없었다.

9. 청국에서 영국과 러시아의 경쟁

그림29 (좌) 투기 게임(A Game of Speculation)

그림30 (우) 주체할 수 없을 정도로 풍요로운(Embarras de Richesse)!

《펀치》지는 지속적으로 영국과 러시아의 청국 지배권에 대한 경쟁 상황을 풍자하였다. 위의 두 그림은 청국의 청일전쟁 대일 배상금 반환을 둘러싼 영국과 러시아의 차관 제공 경쟁을 묘사하였다.

그림29 청국인(Chinaman)은 차관(LOAN)이라 적힌 카드를 들고 서서 열강 가운데 '누가 이 카드를 살 것인지' 즉 어느 나라가 자국에 차관을 제공해 줄 수 있는지 묻고 있다.

그림30에서는 영국과 러시아가 청국에서 세력권 경쟁을 놓고 다투는 모양새다. 이를 위해 영국과 러시아의 테이블에는 각각 영국 차관(British Loan), 러시아 차관(Russian Loan)을 상징하는 요리가 놓여 있다. 주체할 수 없을 정도로 풍요로운 요리가 준비되어 있다는 듯이, 청국인에게 영국인과 러시아인은 서로 자신의 테이블에 앉게 하려 안달이 났다.

HONOUR À LA RUSSE.

그림31 러시아에 영광을(Honour à la Russe)

다롄을 상업항으로 차지한 러시아에게 영국은 교역권(British Trade)을 요구하고 있다. 러시아의 선점권을 인정하고 러시아에게 영광을 돌릴 테니 다롄 만에서의 교역권을 보장해달라는 것이다. 그리고 그 교역권을 어린아이를 데리고 다니는 데 꼭 필요한 유모차로 묘사함으로써 영국에 필수불가결한 권리임을 호소하고 있다.

19세기 말 열강이 청국에서 일단 어떤 지역의 세력권(Spheres of Influence)을 확보하면, 그 지역의 치외법권, 철도 부설권, 각종 자원개발권, 심지어, 철도를 지킨다는 명목의 치안, 경찰, 군대 유지권 등까지 차지하게 된다. 그렇게 되면 그 안의 지역은 실제로 해당 열강의 식민지가 되어 버린다. 1898년 청국에서 열강의 세력권 분할 경쟁은 눈에 보이지 않는 경제적 침투가 핵심인 신제국주의의 특징을 가장 적나라하게 드러냈다.

10. 상업이 곧 정복(Commerce is Conquest)

그림32

엉클 샘이 존 불에게 —
다른 열강이 했던 방식으로 저 사람을 겁주지 말게나, 존. 우리
가 원하는 건 항구와 시장을 모두에게 개방하는 거라고 전해주게
(Don't scare him, John, the way those other fellows do. Tell him all
we want is to have him open his harbors and markets to everybody)!

그림32 독일과 러시아가 뤼순과 자오저우 만을 점령하자, 미국은
상업을 통해 청국을 정복하겠다는 야심을 드러냈다. 즉 미국은 청국
의 항구와 시장을 모든 열강에게 똑같이 개방되기를 원한다는 것이
다. 유럽 열강이 점령을 통해 청국을 정복한 것과는 달리, 상업을 통
해 정복할 것이라며 영국의 동참을 촉구하고 있다. 미국의 존 헤이
(John Hay) 국무장관이 1899년에 선언하게 될 문호개방정책(Open Door
Policy)의 윤곽이 이 풍자화에서 이미 드러난 셈이다.

II. 열강의 철도 분할

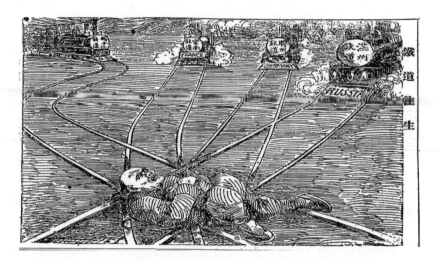

그림33 철도왕생(鐵道往生)

영국은 중국 내륙의 '양자철도(陽子鐵道)'를, 프랑스는 '운남철도(雲南鐵道)'를, 독일은 산둥성 '교주철도(膠州鐵道)'를, 러시아는 가장 거대한 규모로 만주를 관통하는 '만주철도(滿洲鐵道)'를 부설하고 있다. 열강의 철도가 만나는 교차로에 누워 있는 청국인의 목숨이 매우 위태로워 보인다. 청국인은 열강의 철도 경쟁에 치어 이승에서 저승으로 가게 될 운명이다. 제국주의 열강의 침략이 없는 세상에서 다시 태어날 것을 염원하는가. 그림 제목 〈철도 왕생〉은 죽어서 극락에 다시 태어난다는 극락왕생(極樂往生)을 모티브로 한 듯하다. 유럽식 스탠더드(standard) 궤폭에서 러시아식 광궤에 이르기까지 궤폭이 제각각인 열강의 철도 부설이 가져올 청국 철도의 미래는 암울하기만 하다.

그림34

러시아가 랴오둥반도에서, 독일이 산둥반도에서, 영국이 양쯔강 유역에서 각각 철도를 부설한 뒤 기차를 달리게 하고 있다. 러시아인 옆에 있는 프랑스 군인은 러시아 철도를 유심히 바라보고 있다. 비고가 프랑스의 모습을 관망하는 듯 표현한 것은 적확했다.

당시 프랑스는 청국과 조선에서 각각 러시아 철도와 연결시키고자 했다. 프랑스는 한코우(漢口)에서 베이징(北京)까지 철도를 부설하여, 만리장성부터 베이징까지 부설중이던 러시아 철도와 연결시키고자 하였다. 조선에서는 경의선 부설권을 획득하여, 만리장성에서 의주까지 시베리아철도 지선을 연결하려던 러시아 시베리아 철도와 연결하고자 한 것이다. 만일 프랑스의 계획이 실현되었다면, 윈난·광둥·광시성에서 베이징을 거쳐 조선의 의주와 서울이 연결될 수도 있었다. 러불 동맹의 철도망이 러시아와 프랑스의 세력권을 연결하여 한반도까지 연결될 수도 있었던 셈이다. 그림 앞쪽에 앉아 있는 일본인이 철도부설에서 다소 소외된 듯한 표정을 짓고 있다. 일본은 러일전쟁에 승리하고 난 뒤 러시아가 부설한 시베리아철도 남만주 지선을 차지했다.

제5장 터키 제국과 '동방문제'

IN VIOLENT COLLISION.

'동방문제(Eastern Question)'란 오스만 터키 제국(Ottoman Turk Empire, 1299~1922)이 해체될 경우를 가정한, 19세기의 포괄적인 국제문제를 뜻한다. 13세기 말 이래 수많은 민족을 아우르며 대제국이 된 터키는 그 영토가 유럽과 소아시아, 발칸 및 아프리카에 걸쳐 있었다. 프랑스대혁명 이후 유럽에 불고 있던 내셔널리즘의 열풍은 터키 제국에도 불어닥쳤다.

터키 제국의 약체화와 이에 따른 해체 위기는 19세기 내내 그 지배를 받는 여러 민족들의 독립, 해방운동을 촉진시켰다. 19세기 전반만 해도 그리스가 독립 전쟁(1821~1829)을 벌여 터키 제국으로부터 독립했다. 1830년에 세르비아, 불가리아는 자치권을 획득했으며, 1840년에는 이집트도 독립했다. 여기에는 영국, 프랑스, 러시아 등 유럽 열강이 정치 · 군사적으로 터키 제국에 압력을 가해 이 국가들의 독립을 지원한 배경이 있었다.

유럽 열강은 터키 제국이 해체될 경우, 동 지중해, 소아시아, 발칸 반도 등지에서 얻게 될 영토적 이득을 발빠르게 계산했다. 그러므로 터키 제국 안의 여러 민족들의 독립에는 내셔널리즘의 복잡한 이해관계뿐만 아니라, 유럽 열강의 영토적 이해득실까지 복잡하게 얽혀 있었다. 이것이 19세기 '동방문제'의 본질이었다. 수많은 민족의 주권문제와 유럽의 이해관계가 얽혀, 그야말로 누구도 선뜻 '현 상태'를 깨기 어려운 19세기의 '뜨거운 감자'가 '동방문제'였다.

만성적인 해체 위기에 처한 터키 제국은 서구식 군대로 재편하고, 위로부터의 서구화 정책을 실시하며 전제정치를 바꾸고자 했다. 그러나 무리하게 추진한 개혁이 제대로 이루어지지 못하는 상황에서 19세기 중엽 이래 러시아와 벌인 잇따른 전쟁(크림전쟁, 러시아 · 터키 전쟁 등)은 터키 제국의 재정 위기를 더욱 가중시켰다. 터키 제국은 영국, 프랑스 등 서구 열강 6개국에 징세권을 담보로 거액의 채무를 졌다. 빈사 상태의 중환자 신세로 전락한 터키 제국을 러시아 황제 니콜라이 1세가 '유럽의 병자, 혹은 근동(소아시아)의 병자'로 묘사한 것도 이 때문이다.

제국의 약체화는 내분으로 더욱 가속화했다. 잇따른 전화(戰禍)와 유럽식 입헌군주주의 개혁이 성공하지 못하자, 터키 황제 술탄(Sultan)은 전제정치로 돌아갔다. 전제정치에 불만을 품은 터키 제국의 지식인과 군인들은 입헌군주제 운동을 전개했다. 1908년에 정식 결성된 '청년 터키당(Young Turks)'의 민족주의 운동이 그것이다.

열강은 이 같은 터키의 내분과 약체화를 틈타 자국의 영토적 야욕을 채우고자 하였다. 러시아는 보스포루스(Bosphorus), 다르다넬스(Dardanelles)의 두 해협(The Straits)을 차지하고자 했고, 오스트리아와 영국은 러시아의 이 같은 남하를 막고자 했다. 여기에 프랑스와 독일이 다시 개입하게 됨으로써 소아시아·발칸반도는 19세기 내내 끊임없는 국제적 분규의 중심이 되었다. 그리스와 이집트의 독립, 세르비아와 불가리아의 자치, 크림전쟁, 러시아·터키 전쟁, 베를린 회의(1878) 등 굵직한 사건들은 각 시기의 동방문제를 표현한 것이나 다름없다.

19세기의 '동방문제'는 결국 제1차 세계대전이 터지는 중요한 요인이 되었다. 터키 종주권 아래 있던 보스니아, 헤르체고비나를 1908년 오스트리아가 병합하고, 1912, 1913년에 발칸반도에서 벌어진 대 터키전쟁으로 이탈리아가 도데카네스 제도(Dodecanese Islands)를 차지했는가 하면, 1913년에 알바니아와 마케도니아가 독립했다. 오스트리아와 러시아의 대립으로 상징되는 범슬라브주의와 범게르만주의의 대립, 두 차례에 걸친 터키와 발칸반도의 소수민족들과의 전쟁으로 말미암아 '동방문제'는 발칸반도라는 '화약고'의 그야말로 가장 위험한 '화약'이었다.

I. 그리스, 대(對)터키전쟁을 감행하다

그림1 유럽의 무장평화
(The Armed Peace of Europe)

한 소년병사(Greece)가 터키 제국으로부터 크레타(Crete)를 되찾고자 화약고에 불을 붙이고 있다. 그리스·터키전쟁(Greco-Turkish War)이다. 이는 터키 제국의 현 상태에 대한 도전과 영토변경을 뜻했다. 터키 제국은 '화약고' 위에 앉아 있다. 터키 제국이 유럽, 아시아, 아프리카에까지 방대한 영토를 보유하고 있었기 때문에, 유럽 열강 역시 영토 획득 전쟁에서 소외되지 않고자 유럽 열강은 그야말로 필사적으로 공중에 매달려 있다. 모두 '화약고' 위에 있다는 사실도 잊은 듯하다.

1669년 터키가 크레타 섬을 차지한 이래, 그리스는 잃어버린 옛 땅을 되찾고자 터키 제국과 끊임없는 마찰을 빚어 왔다. 대다수 그리스도 교도와 소수 무슬림 교도가 끊임없이 충돌하는 가운데, 양측 교계 지도자들의 반목은 사태를 더욱 악화시켰다.

그림2 그리스 부나방은 크레타를 터키로부터 되찾고자 전쟁(WAR)의 불 속으로 무작정 뛰어들고 있다. 크레타는 청동기 시대에 기원전 3000년부터 1200년까지의 찬란한 에게문명을 일군 지역으로 그리스 문명의 모태가 된, 서양 문명의 요람이었다.

부나방이 본능적으로 빛을 향해 돌진하듯, 그리스 부나방이 크레타를 차지하고자 개전을 감행하는 것은 잃어버린 땅을 되찾으려는 의도였다. 민족주의 관점에서 보면 이는

그림2
그리스 부나방
(The Greek Moth)

당연한 귀결인지도 모른다. 1896년에 크레타에서 반란이 일어나자, 이 섬을 되찾을 기회가 왔다고 생각한 그리스는 1897년 1월 21일에 동원령을 내리고 대규모 군대를 파견했다. 그 해 2월 그리스는 크레타와 연대를 선언했다.

이 때 유럽 열강은 비슷한 사태가 발칸반도로 확산되는 것을 막고자 그리스군을 봉쇄했다. 그러나 막상 크레타 애국주의자들과 연대가 좌절되어 버리자, 그리스는 4월에 테살리아(Thessaila)에 있는 터키인들을 공격했다. 이것이 그리스·터키전쟁의 시작이다. 전쟁 준비를 채 갖추지도 않고 전쟁에 돌입한 그리스는 독일의 감독 아래 재정비된 터키군을 상대로 고전했다.

2. 유럽의 협조체제(Concert of Europe)가 낳은 크레타문제

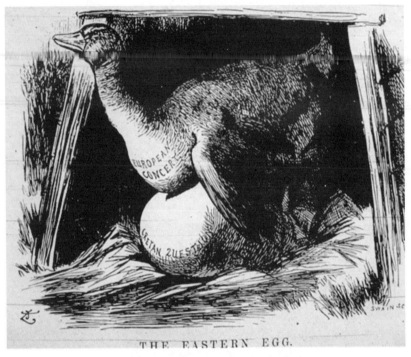

그림3 동방문제의 산물(The Eastern Egg)

이 이미지는 그리스·터키전쟁 하루 전날 등장했다. '크레타 문제'는 동방문제의 가장 중요한 이슈였다. 그리스·터키전쟁이 부활절 즈음에 개시된 것을 부활 달걀(Easter egg)에 빗대 〈동방문제의 산물 Eastern Egg〉이라는 제목을 붙인 듯하다. '유럽의 협조체제'인 거위가 '크레타 문제(Cretan Question)'를 상징하는 알을 품고 있다. 이는 크레타 문제의 시작이 유럽의 협조체제에서 비롯되었음을 시사한다.

유럽 열강은 19세기 전반기에 이른바 비엔나 체제(Vienna System) 아래서 일종의 협조체제를 구축해 왔다. 비엔나 체제는 터키 제국의 약체화와 해체라는 공동의 위기에 직면한 유럽 국가들이 일종의 시간을 벌기 위한 공조체제였다.

그리스는 그리스계가 다수를 차지하는 크레타를 차지하고자 군사행동을 개시했다. 1897년 4월18일 그리스군은 1798년 이래 터키가 지배해 온 그리스 서부 프레베자(Preveza)를 포위공격하면서 전쟁을 시작했다. 공격은 휴전이 이루어질 때까지 계속되었다. 터키 제국의 응전은 마지못해 이루어지는 듯했으나, 한 달 뒤인 5월에 그리스의 패배로 끝나 그리스·터키전쟁은 '30일 전쟁'으로 불린다.

터키 제국의 갑작스런 해체가 가져올 여파를 우려한 유럽 열강은 터키 제국을 도와 그리스 해군을 봉쇄했다. 해상 진출이 봉쇄된 그리스는 육군을 동원하여 공격했으나, 결국 그리스가 배상금을 지불하는 조건으로 전쟁이 종결되었다. 5월 20일에 그리스는 유럽 열강의 압력에 굴복하여 정전에 합의하고, 7월 27일 크레타에서 철수했다.

'현 상태'의 변경을 두려워 한 유럽의 협조체제가 크레타의 종주권을 터키에게 다시 넘겨주는 것으로 그리스·터키 전쟁을 매듭지은 것이다. 그리스가 크레타를 되찾은 것은 제1차 발칸전쟁이 끝난 1913년이었다. 그리고 나서도 1919년부터 3년 동안 제2차 그리스·터키 전쟁이 일어났다. 그리스·터키 사이의 전쟁은 그리스가 터키 제국의 지배로부터 벗어나기 위해 전개했던 독립전쟁 이래 1922년 터키 제국이 붕괴할 때까지 근 100년에 걸쳐 전개된 셈이다. 사실 터키와 그리스의 반목은 오스만 터키 제국이 그리스를 침략한 16세기 초로 거슬러 올라간다. 300년이 넘도록 터키의 지배를 받던 그리스가 터키를 향해 총구를 겨누고 잃어버린 옛 영토를 되찾고자 전쟁을 일으켰을 그 심정이 어땠는지 미루어 짐작이 간다.

3. 베를린 회의 –
터키 제국을 서로 끌어들이려는 영국과 러시아

▲ 그림4 뭔가 이상한 관계(AWKWARD)
이스탄불을 떠나 바라보니(OFF STAMBOUL)

영국: 어이, 터키 저리가(Turkey, away)!
터키: 물러서! 이곳에 정박할 수 없어(Sheer off! You can't land here)!
영국: 우리는 영국인의 생명과 재산을 보호하고자 왔소!
(We've come to protect British life and property)!
러시아: 난 그렇게 소수를 위해 온 것이 아니오. 모두를 보호하고자 왔소!
(Not the least necessary! I'm here to protect everybody)!
터키: 사실이오. 이 러시아 신사 양반과 난 영원한 우호를 막 약속했소
(Fact is, this Gentleman and I have just sworn eternal friendship)!

'동방문제'의 뿌리가 깊은 만큼 터키 제국과 유럽 열강, 특히 영국과 러시아의 특수한 관계의 역사도 길다. 19세기 내내 되풀이된 유럽의 협조체제를 이해하려면 러시아·터키전쟁 이후의 베를린 회의를 살펴볼 필요가 있다.

그림4는 러시아·터키전쟁(1877-1878) 이후 진쟁 당사국인 러시아와 터키가 서로 합의에 이르렀음을 영국의 《펀치》지가 포착한 것이다. 그것도 영국 사자가 옛 이스탄불 시가지를 떠나(OFF STAMBOUL) 배에 오른 뒤에 보니, 러시아와 터키의 관계가 뭔가 이상하게 보인다는 (AWKWARD)설정이다. 이 그림은 러시아와 터키 사이에 1878년 3월3일 산스테파노 조약 체결을 앞두고 부쩍 가까워진 두 나라의 관계를 영국이 경계하고 있었음을 의미한다.

터키의 이스탄불 서쪽 산스테파노(San Stefano, 오늘날 예실쾨이)에서 체결된 러시아·터키전쟁의 평화조약은 세르비아, 몬테네그로, 루마니아의 독립을 인정하고, 보스니아와 헤르체고비나는 자치를 보장했다. 불가리아는 터키에 조세를 바쳐야 했지만, 트라키아, 마케도니아를 포함, 에게 해까지 영토가 늘어나 '대 불가리아(Big Bulgaria)'가 되었다. 그러므로 산스테파노 조약이 서명된 날은 불가리아가 터키로부터 해방된 날이자, '대 불가리아'가 된 민족부흥의 날이기도 했다. 불가리아는 지금도 3월 3일을 국가 공휴일로 기념하고 있다.

산스테파노 조약에서 터키는 1조 4천백억 루블의 배상금 지불을 약속했다. 그리고 캅카스 연안의 카르스(Kars)와 바투미(Batumi) 등을 러시아에 양도하며 11억 루블을 갚았다. 그러나 유럽 열강은 러시아·터키 양국이 체결한 산스테파노 조약에 동의하지 않았다. 영국과 오스트리아–헝가리 제국은 러시아가 위성국 불가리아를 통해 지중해로 가는 출구를 확보한 것을 묵과할 수 없었다.

마침내 승전국 러시아에 유리하게 체결된 산스테파노 조약은 비스마르크 수상의 중재로 한 달 동안 열린 베를린 회의(1878.6.13~7.13)에서 무효로 되었다. 베를린 회의를 통해 유럽의 '힘의 정치'가 재확인된 것이다. 비스마르크는 베를린 회의에서 유럽 열강 7개국 대표(영국·독일·러시아·오스트리아·프랑스·터키·이탈리아)들이 참석한 가운데 열강의 이해관계를 조정하였다. 비스마르크는 영국과 오스트리아의 입장을 지지하여 산스테파노 조약을 폐기시키고, 베를린 조약을 성립시켰다.

베를린 조약으로 말미암아 터키 제국은 산스테파노 조약보다는 조건이 훨씬 완화되었다고 해도 영토는 뚜렷하게 축소되었다. 터키 제국이 소유하고 있던 방대한 유럽, 아시아, 그리고 아프리카 땅을 상실한 것이다. 그렇지만 영국과 러시아는 당장 터키 제국을 분할하고자 전쟁과 영토분쟁을 벌이기를 원치 않았다. 《펀치》지는 영국·러시아의 이 같은 속내를 꿰뚫어보고 **그림5**처럼 베를린 회의에서 영국·러시아 관계가 쇼윈도용 '행복한 가족'이라고 비꼰 것이다. 그것도 아주 잘 연출되었다며(WELL REHEARSED).

베를린 회의는 터키 제국의 영토 하나 할양받지 않은 채, 오로지 '정직한 중개인(honest broker)'으로서 독일 제국의 힘의 우위를 과시한 비스마르크의 작품이었다. 베를린 회의의 결과는 발칸반도에서는 오스트리아와 러시아를 반목시키고, 지중해에서는 프랑스와 이탈리아를 서로 반목시키려 한 비스마르크의 계략이 적중한 것이었다.

A "HAPPY FAMILY" AT BERLIN.

SHOWMAN. "The British Lion and the Rooshian Bear will now embrace! (Aside.) It's all right, Ladies and Gentlemen, this effect has been WELL REHEARSED!"

▲

그림5 베를린에서의 어떤 '행복한 가족'(A 'Happy Family' at Berlin)

의정서(memorandum)를 손에 든 터키 흥행사(showman)：
자, 영국 사자와 **루시아**(러시아) 곰이 이제 서로 얼싸안을 겁니다
(The British Lion and Rooshian Bear will now embrace)!
그러자 누군가 옆에서(Aside)：
그렇소. 신사숙녀 여러분, 이 장면은 '아주 잘 연출된' 거랍니다
(It's all right, Ladies and Gentlemen, this effect has been WELL REHEARSED)!

4. 영국과 러시아 –
'따로 또 같이' 터키를 위협하다

그림6 터키에는 가혹한(Tough on Turkey)

  1880년대 중엽 영국과 러시아는 아프가니스탄에서 전쟁을 마다하지 않을 정도로 서로 대립했지만, 소아시아에서는 협력관계를 유지하며 터키 제국을 위협했다. **그림6**에서 영국 사자와 러시아 곰이 합세하여 터키 칠면조를 위협하고 있다. '우리의 동맹국이 되지 않으면, 생애 최고의 혼쭐이 날 것'이라며. 이 그림에서 터키 칠면조는 왜소하게 그리고, 영국 사자와 러시아 곰은 크게 묘사하였다. 특정 국가를 특정 동물로 표현하는 것은 정치풍자화에서는 흔한 일이다. 기본적으로 칠면조의 크기가 사자나 곰에 견주어 몸집이 작기 때문에, 이 그림처럼 터키가 작게 묘사될 수도 있을 것이다. 국가 이미지를 흔히 동물로 표

그림7 꽥꽥 외교(Gobbling Diplomacy)

터키가 러시아 곰에게: "꽥 꽥 꽥"
러시아 곰: "그래, 네가 이겼어. 꽥 꽥"
멀리서 이를 지켜보던 영국 사자가 큰 소리로: **"꽥!"**

현하는 풍자화 세계에서는 터키 제국이 영어 발음이 같은 칠면조(turkey)로 묘사되곤 한다.

〈꽥꽥 외교〉라는 제목의 **그림7**은 러시아와 터키의 유희를 더 이상 좌시할 수 없다는 영국의 입장이 묻어 있다. 터키와 러시아의 우호적인 분위기를 견제하는 것이다. 영국 사자가 상황을 예의 주시하고 있음도 볼 수 있다.

노벨문학상을 수상한 터키의 오르한 파묵은 그의 자전적 에세이 〈이스탄불〉에서 미국인들이 자국의 나라 이름 터키를 발음이 비슷한 칠면조(터키)와 동일시한다며 격분한 바 있다.[28] 필자가 현지에서 만난 어느 터키인 역시 "칠면조는 인도에서 수입하여 터키를 통해 유럽과 미국으로 수출되기 때문에 칠면조를 터키산으로 오해한데서 나왔을 것"이라며, "정작 터키에서는 칠면조를 먹지도 생산하지도 않는다"고 한다. 자국이 칠면조로 희화화되는 것에 강한 거부감을 느끼는 것은 사람과 동물의 모습을 본 따 그리거나 형태화하지 않는 이슬람문화의 특성 때문일 것이다.

5. 베를린 조약에 갇힌 그리스,
베를린 조약 이후 축소된 '소 불가리아'

그림8 도망가(Cooped up)!

　그림8에서는 어미 닭(Greece)이 베를린 조약(Treaty of Berlin)이라고 쓰인 비좁은 닭장에 갇혀 다급하게 소리친다. 병아리에게 어서 도망가라고. 닭장 밖의 크레타 병아리는 커다란 터키 칠면조의 위협에 속수무책이다. 칠면조는 머리에 독특한 무슬림 모자를 쓰고 있다. 러시아와의 전쟁에서 터키가 패하자, 이 틈을 타고 터키의 지배에 대항한 반란이 1878년에 크레타에서 일어났다. 크레타의 부족지도자들은 베

지도1　산스테파노 조약으로 확대된 '대 불가리아(big Bulgaria)'

를린 회의에 두 명의 대표를 파견하며 그리스와의 통합보다는 크레타의 자치권을 확보하고자 하였다. 그러나 터키 제국의 급격한 해체를 원하지 않던 열강은 터키 제국의 종주권을 그대로 인정하되, 잠정적으로 영국이 관할하기로 결정하였다. 크레타에는 자치권이 부여되었지만 터키 제국의 종주권 아래의 어정쩡한 자치였다. 터키·그리스·영국의 이해관계가 걸린 크레타 문제가 19세기 말 '동방문제'의 핵으로 떠오른 배경이 여기에 있다.

베를린 조약은 산스테파노 조약에서 반독립적인 '대 불가리아(big Bulgaria)'(**지도1**) 창설로 범슬라브주의를 확산시켜 발칸반도 남하를 쉽게 하려던 러시아의 의도에 제동을 건 것이었다. 따라서 불가리아는 베를린조약에서는 산스테파노 조약에서 정한 것보다 훨씬 더 축소된

지도2 베를린 조약 이후 축소된 '소 불가리아(small Bulgaria)'

반(半)독립자치국이 되었다. 터키의 종주권을 인정하는 가운데, 대 불가리아는 동 루멜리아(1885년에 불가리아에 편입), 소 불가리아(small Bulgaria), 마케도니아로 삼분되었다(**지도2**). 불가리아의 영토는 1/3로 축소되었고, 루마니아, 세르비아, 몬테네그로, 몰다비아, 왈라키아도 독립했다.

세르비아계 남슬라브족이 주민의 상당수를 차지하던 보스니아, 헤르체고비나는 여전히 터키의 종주권 아래 있었으나, 경찰 및 군대 유지권과 행정권은 오스트리아에 부여했다. 이 지역이 범슬라브, 범게르만, 무슬림 민족주의가 대립할 수밖에 없는 그야말로 발칸반도의 화약고가 된 이유다. 제1차 세계대전이 보스니아, 헤르체고비나에서 발화했던 점에서 보면 러시아에 대한 일종의 서유럽연합이었던 베를린 회의는 대전의 불씨였다고 해도 지나친 말이 아니다.

베를린 주약으로 러시아는 흑해 연안의 캅카스 지역인 카르스(Kars)와 바투미(Batumi)를 얻는 데 그쳤다. 영국은 잠정적으로 사이프러스와 크레타 섬을 차지했다. 프랑스는 튀니지를 차지함으로써 알제리에서 튀니지에 이르는 북아프리카 팽창권을 승인받았다. 이와 달리 이탈리아는 베를린 회의에서 아무 것도 얻지 못했다.

베를린 조약(1878)으로 발칸반도와 흑해로 남하하려는 러시아의 의도는 완전히 좌절되었다. 러시아의 보스포루스·다르다넬스 두 해협(The Straits)의 자유 통과권, 즉 러시아의 흑해 함대가 지중해로 나가려면 꼭 거쳐야 할 관문인 터키의 이 '두 해협'의 통과권이 다시 거부된 것이다. 유럽으로 곡물을 수출하고 흑해 함대가 지중해로 내려오는데 반드시 필요한 '두 해협'의 자유통과권이 거부된 것은 경제적으로나 군사적으로 승전국 러시아의 처지에서 보면 가혹한 것이었다. '두 해협'의 통과권을 확보하려는 러시아의 필사적인 노력은 제1차, 제2차 세계대전 당시 러시아의 군사 전략 가운데 가장 큰 비중을 차지하게 된다.

6. 크레타문제를 보는 영국 언론의 시각

그림9 (좌) 비위에 거슬리는(Against the Grain)

존 불의 독백: 아, 저 작은 그리스 놈은 용기 있는데! 매우 미안하지만 이교도 친구가 한편이 되어 저 녀석을 멈추게 할 수 밖에 없겠군(Ah! That Greek a plucky little chap! Precious sorry that me and my forin' mates has to stop him)

그림10 (우) 불화의 씨앗(The bone of Contention)

빌어먹을 유럽(Dame, Europa): 착한 그리스 강아지야, 착하지, 그 크레타 뼈를 포기하럼, 모든 (유럽)국가들이 갖게끔 말이야(Good Doogie! Good Doogie! Give it up—let Missis have it)

《펀치》지는 '유럽'을 앞세워 그리스·터키전쟁에 모순된 입장을 표명하는 영국 정부의 속내를 적나라하게 풍자하였다. **그림9**에서는 크레타 문제의 현상(現狀)을 변경하려는 그리스를 견제하고자 터키와 협력하는 영국 정부의 속내가 드러난다. **그림10**에서도 영국은 그리스에

그림11

유럽 여성이 크레타 소년에게 (Dame Europa to Little Crete): 울지 마, 크레타 꼬마야. 이 멋지고 친절한 터키 경찰 아저씨한테 여기 머물면서 널 잘 돌봐달라고 부탁했단다(Don't cry, my Little Man, I've asked the nice, kind Turkish policeman to stay and take care of you)

그림12 자비롭기도 하시지
(Tender Mercies)!

그림13 그만하면 충분해
(Enough)!

크레타를 포기하라고 압력을 넣고 있다.

그리스와 터키는 서로 물러가라며 양보할 기색을 보이지 않았다. 이에 열강은 1897년 3월 2일에 그리스와 터키에게 동일한 전문을 발송했다. "터키 종주권 아래의 명백하고도 효율적인 자치권을 크레타에게 보장하라"는 결의였다. 크레타에서 그리스계 주민들의 반란이 멈출 기색을 보이지 않자, 그리스는 크레타의 자치권 보장을 거부하고 병합을 요구하며, 크레타에 군대를 잔류시켰다. 열강은 아테네 피라에우스 항을 비롯한 그리스 항구들을 봉쇄한다는 데 일치된 견해를 보였다.

그림12에서 그리스와 터키가 각각 칼자루를 등 뒤로 한 채 신경전을 벌이는 가운데, 유럽 열강은 유유히 배를 타고 두 나라의 다툼을 지켜보고 있다. 배(Europa)에 탄 유럽 국가들이 그리스·터키전쟁에 뒷짐을 진 채 개입하지 않고 그저 관망하고 있다.

그리스·터키전쟁이 임박해지면서 유럽은(유럽을 앞세운 영국은) **그림11**과 **그림13**처럼 그리스를 견제하고 터키의 손을 들어주었다. 그리스·터키전쟁에서 가장 주목되는 점이 바로 이 같은 그리스·터키에 대한 유럽 열강의 태도 변화이다. 크레타에 대한 터키의 개입을 배제하는 것이 유럽 열강의 궁극적인 속내라는 사실은 전쟁이 끝난 뒤 유럽 열강의 태도에서 드러난다.

영국의 《펀치》지는 해군국의 특성을 살려 자기 나라를 주로 수병으로 묘사했다. 유럽은 뚱뚱하고 나이 든 귀부인, 남성 군인, 그리고 여전사의 모습으로 묘사했다. 그러나 터키의 모습은 **그림12**에서와 같이 결코 '나이스'하거나 친절해보이지 않다. 등 뒤로 칼을 숨기고 있는, 자비와는 거리가 먼 남성으로 그려진 것이다. 작은 나라 그리스에 관대하지 않은 터키 제국의 잔혹성을 비판한 셈이다. '자비롭기도 하시지(Tender Mercies)!'라는 제목은 이런 터키를 비틀어 표현한 것이다. 이 시기의 풍자화에서 그리스는 소년이거나 강아지, 또는 터키에 견주어 키와 몸이 작은 남성의 모습으로 그려진다. 열강 사이에 끼인 크레타는 작은 뼈나 어린 소년의 모습으로 묘사되었다.

7. 유럽 열강의 모순된 태도를 풍자한 미국 언론

그림14 터키 제국의 초승달 한 조각 (CRETE)을
차지하는 열강(Taking a Slice of the Turkish Crescent)

미국의 세인트 폴 글로브(The St. Paul Globe)지는 미국 언론사 가운데 유럽 열강의 모순된 태도를 가장 정확하게 그리고 가장 비판적으로 묘사했다. **그림14**에서 볼 수 있듯이, 전쟁 초기에 이미 유럽 열강(powers)은 자유(FREEDOM)의 이름으로 개입하여 초승달 터키 제국(Turkish Crescent)의 한쪽 크레타(Crete)를 예리한 칼로 떼어냈다. 유럽이 그리스 · 터키전쟁에 개입한 진정한 의미란 곧 터키 제국으로부터

그림15 고약한 터키(The Unspeakable Turk)

크레타를 분리해내는 데 있음을 일찌감치 간파한 것이다. 초승달과 별은 이슬람국가의 상징이다. 초승달은 이미 귀퉁이가 떨어져나가기도 했고, 임시방편으로 묶인 흔적이 역력하다. 머리를 붕대로 싸매고 있는 터키 제국의 얼굴은 사뭇 착잡한 표정이다.

그림15 유럽 열강은 전쟁 초기에는 터키 편을 들어 그리스를 압박했다. 터키는 오른 손에 핏물이 흐르는 칼을 쥐고 서서 크레타 섬 주변을 전함으로 둘러싼 채 그리스를 압박하고 있다. 열강의 지원을 등에 업은 터키의 표정이 매우 고약하다.

THE SITUATION IN CRETE.

▲

그림16 크레타 상황(The Situations in Crete)

　그림16 터키 편에 선 영국이 소년병 그리스를 다소 위협적인 시선으로 바라보고 있다. 그리스 병사 뒤의 크레타 소녀의 표정은 겁에 질려 있다. 그리스 병사와 크레타를 각각 소년병과 소녀로 묘사한 것은 몸집이 큰 영국과 터키 제국의 공조를 강조하기 위한 장치로 보인다.

CHORUS OF THE POWERS—"WOODMAN, SPARE THAT TREE."

▲

그림17 열강의 합창(Chorus of the Powers): 이 봐 나무꾼,
그 나무 베지 말고 남겨놔야지(Woodman, Spare That Tree)

　　그림17 유럽 열강의 태도는 **그림16**과 정반대로 돌아섰다. 이번에
는 열강이 한 목소리로 터키를 압박하고 있다. 나무꾼 터키에게 그리
스 왕조(Grecian Dynasty)나무를 잘라내지 말라는 것이다. 터키 제국의
표정은 잔뜩 주눅이 들어 있다. 나무 위의 그리스왕은 열강과 터키의
처분을 기다리며 두려움에 떨고 있다.

8. 기독교 국가들의 터키 견제

▲ **그림18** 터키와 기독교 국가들(The Turk and the Christians)

스테이크가 늘 승자에게 돌아가는 것은 아니지
(The stake does not always go to the winner)

터키가 그리스의 테살리아를 차지하려 하자, 그리스도교 국가들이 터키 제국을 에워싼 채 위협하고 있다. 열강은 돌연 기독교국들의 공감대를 강조하고 있다. 늘 승자에게 스테이크가 돌아가는 것은 아니라면서.

발칸반도의 이해(利害) 관계에 민감해 있던 러시아와 오스트리아가 권총으로 터키의 머리를 각각 겨누고 있다. 터키가 그리스 북부 테살리아를 통해 아드리아 해로 진출할 것을 우려한 것이다. 독일과 이탈리아도 총을 겨누고 있으나 터키를 정조준하고 있지는 않다. 마담 프랑스는 총을 들고 있지 않고, 팔짱을 낀 채 냉정하게 터키를 응시하고 있다. 1832년 그리스를 터키 제국으로부터 독립시키는데 기여했던 영국은 손가락으로 터키를 가리키며 경고하는 듯하다. 그리스 어린이는 영국 옆에 앉아 이를 지켜보고 있다. 터키 제국의 입에는 칼이 물려 있다. 열강의 개입에 속수무책인 터키의 처지가 잘 나타나 있다. 유럽 열강은 전쟁 초기 그리스 해군을 봉쇄했던 태도를 바꾸어 이번에는 전쟁에서 승리한 터키를 위협했다. 오로지 유럽 열강의 이익을 위해 개입 대상만 바꾼 것이다.

9. 터키와 러시아

그림19 열강의 개입(Intervention des Puissances)

그림19에서 러시아가 유럽의 터키 개입의 선두에 서서 터키에게 무 언가를 말하고 있다. 둘 사이에 크레타가 놓여 있는 것으로 보아 크 레타 문제와 관련이 있는 듯하다. 다른 유럽 열강은 말을 하고 있지 는 않아도, 눈들은 터키를 정면으로 응시하고 있다. 비고(G. Bigot)의 1897년《그리스와 터키 앨범》의 발행일이 불분명해서 이 그림의 구체 적인 정황은 알 수 없지만, **그림21**(156쪽)과 **그림22**(158쪽)를 통해 당시 상황을 짐작할 수 있다.

HE WANTS ALL THE PLAYTHINGS

그림20 터키는 이 장난감들을 모두 가지고 싶어 하는 걸(He Wants All the Playthings)

    그림20에서 러시아는 터키의 등 뒤에서 터키의 손을 거들어주고
있다. 나무 물통 속의 장난감 배들을 터키가 모두 차지할 수 있도록.
장난감을 터키 노인에게 다 빼앗긴 크레타 아이는 눈물을 쏟으며 울고
있지만, 터키와 러시아의 두 얼굴은 이에 개의치 않고 웃고 있을 뿐이
다. 도대체 장난감 배가 어른들에게 왜 필요한 것일까. 터키 제국은
방대한 영토를 차지하고 있으면서도 크레타를 차지하려 하고 있으며,
러시아 제국은 자국의 이해관계 때문에 터키를 지지한다는 데 대해 냉
소적인 풍자이다.

그림21 진정한 친구란(A Friend-Indeed)!

러시아 곰(아주 무관심한 듯이)(Russian Bear(so disinterested)): "**예헴!** 이 사소한 문제를 **내가** 해결하게 해주시오(AHEM! Allow ME to settle this little matier)"

그림21에서 코트를 입은 러시아 곰은 터키인의 제의를 신중하게 듣고 있다. 러시아 곰 신사 옆에는 크레타 여성이 마치 처분을 기다리는 듯한 표정으로 서 있다. 설명에 따르면, 러시아 곰은 당시 터키 주재 넬리도프(A. I. Nelidov) 대사이다. 넬리도프는 터키에게 "내가 이 문제(크레타 문제—필자)를 해결하게 해 달라" "그럴 경우 그리스의 전쟁 배상금을 (터키가 받을 수 있도록—필자) 고려해 볼 것"이라며 터키를 회유하고 있다. 이에 터키 정부는 러시아로부터 이제까지 빚진 만

큰의 액수를 탕감해 주어야 한다는 놀랄만한 제안서(천만 파운드의 전쟁 배상금이라고 적힌)를 러시아에 제시했다. 그러므로 터키의 이 제안서는 '넬리도프 계획'과 관련이 있었다.

러시아 황제 치르는 디기 제국이 해제될 경우 러시아가 보스포루스 상류를 차지해야 한다는 이른바 넬리도프 계획(Nelidov plan)을 1896년 12월 5일에 승인했다. 넬리도프는 수년 동안 이 계획을 주장해왔다. 1895년 7월의 러시아 각료회의는 러시아가 보스포루스·다르다넬스 두 해협을 장악할 준비가 되어 있다고 보고한 바 있다. '우리는 보스포루스와 흑해 입구가 필요하다. 다르다넬스를 지나는 자유통행권은 외교적 수단을 써서 확보되어야 한다'는 것이 보고서의 골자였다. 일단 러시아가 흑해 입구를 장악하면 앞으로 러시아가 동아시아로 팽창할 수 있다는 것이었다. 넬리도프는 이 계획을 1895년 9월에 다시 로바노프 외무 장관에게 촉구했다.[29] "만일 영국함대가 다르다넬스로 진입하면, 러시아 함대는 즉각 보스포루스 상류를 점령하고 요새화해야 한다. 영국이 두 해협에 남기를 원한다면, 러시아는 최소한 보스포루스 상류를 차지할 수 있다"는 것이었다.[30]

보스포루스·다르다넬스 해협의 통과 문제는 러시아에게는 사활이 걸린 문제였다. 흑해에서 지중해로 나아가는 관문이자, 자국이 유럽으로 수출하는 곡물의 40퍼센트를 이 해협을 통해 수출해야 했던 러시아로서는 이 해협의 자유 항행권을 꼭 확보해야 했다. 러일전쟁기에는 이 해협의 입구를 막아선 영국 함대 때문에 러시아의 흑해함대가 지중해로 내려오지 못했다. 보스포루스·다르다넬스 두 해협문제는 19세기뿐만 아니라 제1차·제2차 세계대전에서도 러시아에게 경제적으로나 군사적으로 가장 중대한 문제였다.

10. 영·불·러 삼국의 터키 개입

그림22 자, 구제되었다. 크레타(Saved)!

세 선원들(The Three Sailors): 자, 이 금 주
머니 받고 그 소녀(크레타)를 자유롭게 해
줘(Take the Gold, and Let the Gy-url Go Free)!

영국·프랑스·러시아 삼국이 터키 제국을 협박하는 모습이다. 그
림 하단에는 다음과 같은 설명이 달려 있다. "영국이 러시아, 프랑스
와 함께 공동으로 개입하고 있다. 마치 러시아와 터키 사이의 운키
아르스켈레시(Unkiar Skelessi)조약에 (열강이) 그렇게 개입했던 것처
럼……."

운키아르스켈레시 조약(1833. 7. 8)은 이스탄불 북쪽 흑해에 연한
운키아르스켈레시 마을에서 체결된 8년 기한의 러시아·터키 방어동

맹조약이었다. 이 조약을 바탕으로 터키 제국은 러시아의 군사적 도움을 받아들였다. 이 조약의 진정한 중요성은 비밀조항에 있었다.

즉, "터키 제국은 러시아 전함이 아닌, '다른 열강의 전함'에 대해서는 다르다넬스 해협의 출입을 허용하지 않는다"는 조항이 그것이다. 따라서 이 조약은 영국의 강한 반발을 불러 일으켰다. 열강의 압력을 받은 러시아는 1841년 런던 해협 회의(London Straits Convention)에서 다르다넬스에서의 특권 곧 이 해협의 통과권을 포기한 바 있다.

그림23 터키 남성이 열강의 개입에 따라 크레타를 자유롭게 해주

Der Türke: Komm', schöne Giaurin, wir wollen uns wenigstens noch einen lustigen Abend machen, bevor ich Dich Deinen elenden Stammesgenossen ausliefern muß.

그림23 하렘에서(Im Harem)

이리 오너라, 기독교도(크레타)야, 너를 넘기기 전
에 단 하룻밤만이라도 즐거운 밤을 보내보자.

기 전에 마지막 밤을 멋지게 보내자고 크레타 여성에게 제안하고 있다. 이 그림의 무대는 터키 황제 술탄의 총애를 입으려는 후궁들의 전용 공간인 하렘(Harem)이다. 하렘의 본뜻은 '보호받는 신성한 공간'이다.[31] 어떤 남성들과의 어떤 접촉도 차단된 공간이며, 터키 제국 황제 술탄만이 하렘으로 가는 비밀통로를 이용할 수 있었다. 19세기 이슬람 세계에서는 터키 제국 술탄에 충성을 과시하고자 캅카스, 세르비아, 우크라이나 등지에서 딸들을 하렘으로 보내기도 했다.[32] 여성들은 한 번 하렘에 들어가면 죽을 때까지 밖으로 나올 수 없었다. 하렘에서 탁월한 교양과 교육을 받은 여성이 황제의 총애를 입고 아들을 낳아 술탄의 모후가 되면 하렘을 관장하게 된다. 어느 문화권이건 남성의 출입이 통제된 '규방'과 '규방문화'가 있지만, 이슬람세계에서 하렘은 이슬람 문화와 교육의 산실, 여성 리더의 산실로서 단순한 궁정 이상의 의미가 있었다. 이 그림에서 풍자된 터키 남성은 황제 술탄인 것으로 보인다. 커튼 뒤에서 그리스 왕자가 이 모습을 훔쳐보고 있다. 그리스 왕자 게오르그 공(Prince George)은 열강의 지지에 힘입어 크레타의 첫 총독으로 부임하게 된다.

II. 터키와 영국

그림24 의무감의 노예로군(The Slave of Duty)

존 불 제독(Admiral John Bull):
자, 이제 그만 나가시지(Now then, out you'll Have to Go)!
극도로 불쾌한 터키, 말은 못하고 속으로(The Unspeakable):
뭐라고? 나의 아름다운 크레타를 무질서 상태로 내버려 두라니,
절대 안 되지(What? Leave my Beautiful Crete in a state of disorder, never)

1878년의 베를린 조약에서 크레타 지배권을 인정받았던 영국은 그리스·터키전쟁에서 그 심경이 복잡했다.《펀치》지는 **그림24**에서 영국의 이런 불편한 입장을 노골적으로 드러냈다. 크레타에 대한 종주권을 가지고 있는 터키가 무질서를 염려하여 크레타에서 철수 못하겠다는 구실을 대자 의무감의 노예라고 쏘아붙인 것이다.

그림25

개(Türk)가 소시지(Kreta)를 입에 물고하는 말: 침입자를 경
계하는 것이 내 의무지만, 집안 도둑은 내 책임이 아니야.

그림25는 터키가 크레타에 대한 종주권을 가지고 있으므로 크레타
를 여전히 자국의 영역 안에 두고 있다고 비꼰 것이다. 여기서 '집안
도둑'이란 곧 터키를 의미한다. 오스트리아의 《데어 플로》지는 다른
어떤 신문과 잡지보다도 '그리스 · 터키전쟁'에 관한 풍자화를 지속적
으로 실었다. 터키 제국의 해체를 둘러싼 '동방문제'와 오스트리아의
지중해 진출 문제에 관심이 컸기 때문으로 분석된다.

1897년 12월 4일, 그리스 · 터키전쟁의 평화조약인 콘스탄티노플
조약에 따르면, 그리스는 터키에게 배상금을 지불하고, 그리스의 금
융을 국제금융단이 담당키로 하고, 테살리아의 일부를 터키에게 양도
한다는 데 합의했다. 요컨대, 그리스 · 터키전쟁은 터키의 군사적 승
리를 인정하고, 그리스에는 전쟁 명분과 외교적 승리를 안겨주었다.
'현상' 변경을 두려워 한 유럽의 협조체제가 마침내 크레타에서의 터

키의 종주권을 인정하는 것으로 그리스·터키전쟁을 봉합한 것이다. 그리스·터키전쟁을 치뤘지만, 크레타 문제에 관한 베를린 조약이 다시 한 번 재확인된 셈이다. 이로써 터키군도 크레타에서 철수했다.

크레타는 1898년 국제 공동 보호령으로서 자치권을 보장받았지만, 자치권은 어디까지나 터키 종주권 아래에서였다. 그리고 1908년까지 영국이 주도하는 국제 연합군이 크레타를 10년 동안 점령하였다. 크레타를 둘러싼 영국, 터키, 그리스의 복잡한 셈법이 여전히 미봉된 채 20세기에도 수차례에 걸친 그리스·터키 전쟁을 낳게 된 배경이 여기에 있다.

크레타는 제1차 발칸전쟁을 종식시킨 런던조약에 따라 1913년 그리스에 양도되었다. 오늘날에도 크레타 주민의 다수는 그리스계이며, 터키계 주민들과의 정치적 주도권을 둘러싼 분쟁도 계속되고 있다. 기독교계와 무슬림계가 교대로 지배하고 있는 크레타의 내부 갈등이 되풀이되고 있는 것이다. 크레타뿐만 아니라 그리스와 에게 해를 공유하는 터키 남서부와 수많은 섬에는 유명 관광지화한 시린제(Siringe) 같은 그리스계 주민과 마을들이 남아 있다. 19세기 '동방문제'의 그림자가 21세기 현재까지도 드리워져 있는 걸까. 민족적 자의식이 뚜렷한 '네이션' 대 '네이션'의 대립에서 영원한 승자란 없다.

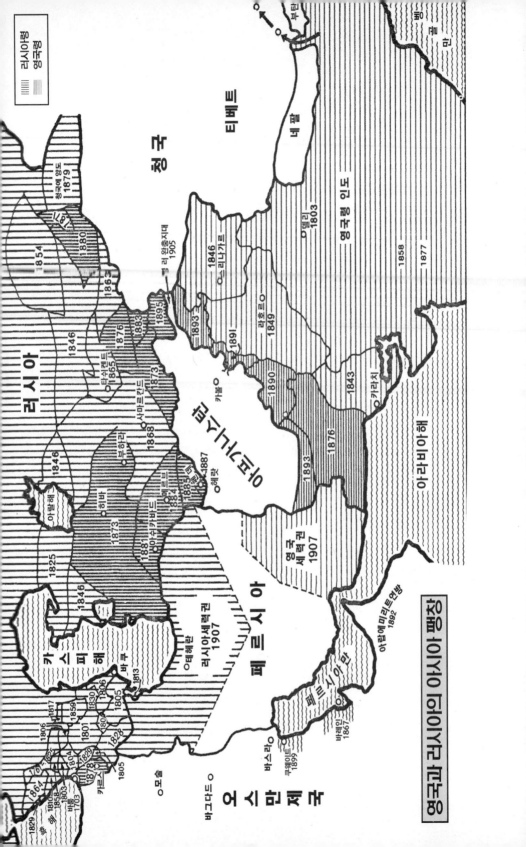

영국과 러시아의 아시아 팽창

제6장 영국과 러시아 - 세기의 대결

19세기는 영국과 러시아가 세계적으로 대결한 시대였다. 러시아 제국은 중앙아시아로 보호령을 확장하며 남하했다. 러시아는 인도 북부를 마치 병풍을 둘러치듯 하며 중앙아시아로 팽창해 나갔다. 인도를 식민지 가운데서도 '왕관의 박힌 보석'과 같이 소중히 여기던 영국으로서는 러시아의 남하를 막지 싫으며 위 되었니, '잉국은 러시아가 남하하기 전에 서둘러 자국의 이익을 보전하고자 했으므로 중앙아시아에서 두 나라의 충돌은 불가피했다. **(164쪽 지도)**

인도 총독 커즌 경의 말을 빌리자면, 페르시아(오늘날의 이란), 아프가니스탄, 티베트 등 19세기 말의 중앙아시아는, 영국과 러시아의 '세계 정복이라는 게임이 진행된 체스 판의 말'이었다. 따라서 대부분 무슬림인 중앙아시아 지역 사람들은 두 강대국의 대결에 이용되었다.

영국과 러시아 두 나라는 20세기 초에야 페르시아, 아프가니스탄, 티베트 세력권에 관한 대타협을 이루게 된다. 제1차 세계대전에 이르는 반(反)독일진영으로 한 편이 될 때까지 영국과 러시아는 중앙아시아를 중심으로 세력권을 확장하며 계속 서로를 압박하였다.

19세기 중엽 이래 러시아는 중앙아시아의 광활한 초원에 있는 이슬람 국가들을 차례차례 보호령으로 만들었다. 러시아는 일찌감치 인도 북부에 있는 카슈미르 지방을 1846년에 차지한 데 이어, 1891년에 페샤와르(Peshawar), 1895년에 치트랄(Chitral) 등 현 파키스탄 영토를 차지하며 인도 북서지방까지 잠식했다.

1860년대에 러시아는 중앙아시아와 카스피 해 방면으로 팽창했다. 현 우즈베키스탄의 수도이며 돌의 마을이라는 뜻의 타슈켄트(Tashkent)와 사람들이 모이는 도시라는 뜻의, 중앙아시아 최고의 도시였던 사마르칸트(Samarkand)를 1865년에 러시아의 보호령으로 만들었다. 이어 러시아는 1869년 오늘날 투르크메니스탄 공화국 서쪽 카스피 해

연안의 크라스노봇스크(Krasnovodsk, 현재 투르크멘바시)를 보호령으로 만들었다. 우즈베키스탄, 투르크메니스탄은 각각 '튀르크 족장의 땅', '튀르크인을 닮은 사람들의 땅'이라는 뜻이다.

러시아의 중앙아시아 진출은 1880년까지 계속되었다. 1871년 안디잔(Andizhan), 1873년 터키계 우즈베크족의 나라인 히바(Khiva), 그리고 산스크리트어에서 사원을 뜻하는 부하라(Bokhara)를 1875년에 병합했다. 이어 러시아는 1881년 카스피 해 남단에 자리 잡은 아쉬카바드(Ashkhabad; 현 투르크메니스탄공화국 수도; 산스크리트어로 사랑스런 마을이라는 뜻)를 보호령으로 만들었다.

1880년대 초까지도 러시아의 팽창은 비교적 영국의 저항을 크게 받지 않았다. 영국과 전쟁 위기가 크게 고조된 것은 1880년대 중엽이었다. 러시아가 페르시아 북부와 아프가니스탄 북부 사이에 위치한 메르프(Merv, 현 투르크메니스탄 남부 마리 부근)를 1884년에 차지하고, 이듬해 1885년에 아프가니스탄의 펜데(Pendjeh)까지 차지하면서 영국과 전쟁 가능성이 더욱 커졌다.

중앙아시아에서 영국·러시아 두 나라의 충돌 위기가 다시 한 번 고조된 것은 그로부터 10년 뒤였다. 1895년 러시아가 파미르고원을 차지하자, 영국은 파미르고원 바로 아래 치트랄을 차지했다.

러시아가 중앙아시아, 발칸반도로 진출을 서두르자, 영국뿐만 아니라, 발칸반도에서 러시아와 대립하고 있던 오스트리아 역시 즉각 반발했다. 영국과 오스트리아는 러시아가 러·터전쟁에서 승리한 이후 터키에게 강요한 산스테파노 조약에 항의하였고, 독일의 비스마르크 수상은 산스테파노 조약을 파기하려 베를린 회의를 중재하였다. 말하자면 베를린 회의는 러시아 남하에 반대한 유럽의 연합적 결정이었다.

I. 러시아의 남하 방식

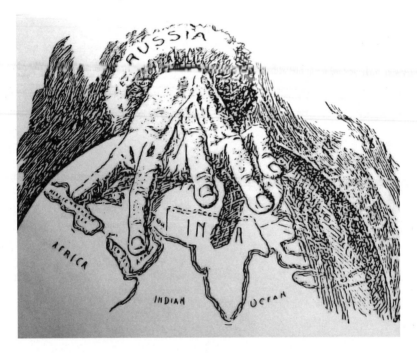

그림1

　제정(帝政) 러시아는 19세기 내내 독특하게 몸집을 불려나갔다. 유럽 국가들이 다른 대륙의 영토를 정복해 나갈 때, 러시아는 자국과 하나로 붙어 있는 땅을 하나씩 하나씩 정복해나갔다. 방대한 유라시아 국가인 러시아는 바로 그 방대함 때문에 방어하기에는 치명적 약점을 지니고 있었다. 러시아가 바다로 내려올 수 있는 출구는 발트 해와 흑해 그리고 동아시아의 동해 세 곳뿐이다. 그 때문에 19세기 러시아 남하에는 불가피한 공식이 생겨났다. 취약한 해군력 때문에 러시아는 언제나 한 방향으로만 남하할 수밖에 없었다. 유라시아 지도 위에 펼쳐진 피아니스트의 손가락은 이런 러시아 남하 방식의 특징을 잘 나타내고 있다.

러시아 남하는 번번이 서구 열상의 제지를 받았다. **그림1**에 나타난 피아니스트 손가락에 맞추어 러시아의 남하 방식을 살펴보자. 엄지손가락은 발트 해와 북해를 거쳐 지중해로 가는데 꼭 거쳐야 할 지브롤터 해협에 놓여 있다. 영국은 1713년에 맺은 위트레흐트 조약으로 지브롤터를 소유해왔다. 따라서 영국의 허가 없이는 러시아 배가 이 해협을 거쳐 지중해로 들어갈 수 없었다. 이 해협을 통과한다고 해도 지중해와 에게 해 사이를 건너기도 쉽지 않았다. 인도로 가는 지중해 요로(要路)에 몰타(Malta), 미노르카(Minorka) 등 당시 영국령 섬들이 있었기 때문이다. 더욱이 러시아 함대가 중간에 석탄을 보급 받지 않고 지중해를 지나가기란 쉽지 않았다. 영국이 '인도로 가는 고속도로'인 수에즈운하를 1869년에 개통시킨 이후에도 사정은 그리 달라지지 않았다. 러시아 발트함대는 러일전쟁기에 자국령 시베리아로 가려고 아프리카 남단을 돌아 인도양을 거쳐 7개월 반 만에 대한해협에 도달했다.

집게손가락은 흑해와 발칸반도 부근을 가리킨다. 제1차 세계대전은 말할 것 없고, 제2차 세계대전에 이르기까지 러시아에게 가장 중요한 과제는 흑해에서 지중해로 내려오는 관문인 보스포루스 · 다르다넬스 두 해협의 통과권을 확보하는 일이었다. 흑해 서북쪽에 자리 잡은 우크라이나 지방의 곡물을 러시아가 유럽으로 수출하기 위해서는 반드시 이 두 해협을 통과해야만 했다. 러시아가 19세기 내내 터키 제국에 압력을 넣어 두 해협의 통과권을 얻어내는데 필사적일 수밖에 없었던 이유이다. 러시아가 해협 통과에 필사적일수록 영국, 오스트리아, 프랑스 등 서구 열강은 러시아가 발칸반도와 지중해 동부로 남하하는 것을 극도로 경계했다.

흑해와 보스포루스·다르다넬스 두 해협의 자유 항행권을 확보하고자 러시아가 추구해온 긴 역사를 거슬러 올라가보자. 19세기 초에 러시아는 터키 제국의 지배를 받고 있던 그리스가 벌인 독립전쟁을 계기로 흑해와 두 해협의 자유 항행권을 터키 제국으로부터 인정받았다. 이때 맺은 것이 1829년의 아드리아노플 조약이다.

그러나 두 차례의 이집트·터키전쟁(1831~1833, 1839~1841) 때 러시아는 보스포루스·다르다넬스 해협의 중립화와 러시아 함선을 포함한 모든 외국 군함의 항행 금지를 감수해야 했다. 크림전쟁(1853~1856)에서 러시아가 패한 이후에는 흑해 중립화가 재확인되었다. 1856년 흑해 중립화를 규정한 파리조약에 따라, 러시아와 터키 제국의 전함은 보스포루스 해협을 거쳐 흑해 진입이 허용되지 않았다. 러시아 전함이 흑해에 갇혀 지중해로 내려올 수 없게 된 것이다. 이로써 러시아의 남하는 완전히 좌절된 듯했다.

이후 러시아는 터키와의 전쟁(1877~1878)에서 승리하고, 산스테파노 조약으로 흑해 중립화를 철회시켰다. 러시아는 발칸반도에서 자국의 영향력을 강화하며 대 불가리아(Big Bulgaria) 창설을 꾀하는 데 성공한 것이다. 슬라브 형제 국가들을 거쳐 발칸반도의 출구를 확보할 심산이었다. 적어도 비스마르크가 개입하여 러시아의 발칸반도 남하가 적극적으로 저지되기 전까지는 러시아의 계획대로 진행되고 있었다.

넷째 손가락은 만주를 거쳐 황해(서해) 쪽으로 뻗어 있다. 다섯째 약지는 동해 쪽으로 내려오고 있다. 중앙아시아에서 영국·러시아의 격돌은 1880년대 중반을 절정으로 그 무대가 서서히 동아시아로 옮

겨진다. 중앙아시아 '그레이트 게임'(본래 커플링이 이름 붙인)에 대해서는 피터 홉커크(Peter Hopkirk)의 《그레이트 게임 The Great Game》(1990)과 같은 제목의 최근작 예프게니 세르게예프(Evgeny Sergeev)의 저작[33]이 있다. 그러나 두 책 모두 동아시아에서 영국·러시아 대립에 관해서는 거의 언급이 없다. 문헌 연구의 공백을 풍자화들이 고스란히 메워주고 있다.

2. 영국의 대(對) 러시아 봉쇄 - 성동격서(聲東擊西)

영국과 러시아는 유럽대륙의 역사적 흐름과는 다소 동떨어진 역사적 전개의 공통점을 지녔다. 두 제국 다 지리적으로 유럽 외곽에 자리 잡고 있었다. 그리고 두 제국 모두 19세기 유럽 대륙에서 들불처럼 전개되던 혁명, 민족주의, 통일 운동의 주된 흐름과 다소 떨어져 있었다.

19세기 영국은 이른바 '해가 지지 않는 제국'이었고, 영 제국에 속한 인구만도 전 세계 인구의 4분의 1에 달했다. 영국은 비축해 온 자금을 해외에 투자하는 금융 대국의 길로 나아가면서 식민지와 세력권을 확대하는 식민 대국의 길을 걸었다. 19세기 중엽에 자유무역주의로 전환하여 이미 국제 시장을 장악하고 있던 영국이 보호무역주의로 다시 전환하는 것은 쉽지 않았다. 19세기 영국 제국주의의 동기를 주로 경제적 측면에서 찾는 것도 이 때문이다.

그러나 19세기 중엽 이후 영국이 중앙아시아에서 러시아와 벌인 대결은 전략적 동기가 더 강했다. 영국의 계관시인 키플링(Rudyard Kipling)은 그의 시 '킴(Kim)'에서 "이제 북으로 더 멀리멀리 올라가리, 대 게임을 치르면서… (Now I shall go far and far into the North, playing the Great Game…)"라고 노래했다. 영국은 (러시아 남하를 막아주는 인도 북부의) 중앙아시아의 지역들을 차지하고자 북상하였다. 그러므로 19세기 내내 전 세계적으로 전개된 영국과 러시아의 외교적·군사적 대결은 그야말로 '대 게임(Great Game)'이었다.[34]

영국이 러시아와 세기에 걸친 대립관계에서 구사한 정책은 '성동격서'의 원리와 매우 닮았다. 영국은 번번이 러시아가 곤경에 처했을 때 반대편 배후를 치는 전략을 구사했다. 이를테면, 러시아가 크림반도에서 터키와 크림전쟁을 전개하는 사이에 영국은 프랑스와의 공동 작전으로 러시아의 남하를 막았다.

그 점에서 크림전쟁은 러시아와 터키와의 전쟁이라기보다는 사실상 러시아가 터키의 배후에 있던 영국·프랑스 등 서유럽 국가들과 치른 전쟁이었다. 당시 영불 연합군은 러시아의 흑해 진입을 막는 동시에, 동아시아 캄차카반도의 페트로파블롭스크(Petropavlovsk)를 1854년과 1855년 두 차례 공격하여 러시아 해군기지를 쑥대밭으로 만들어버렸다. 러시아는 다시는 그 곳을 기지로 삼지 않았다.

그뿐 아니었다. 크림전쟁 이후에 영국은 러시아의 개입을 차단할 수 있는 인도 북서부의 관문과 아라비아 사막 북동쪽의 페르시아만 일대를 차지해 나갔다. 인도 북서부를 더 안전하게 유지하기 위해서였다. 이를 위해 영국은 1867년 아라비아 반도의 북동쪽 바레인을 보호령으로 만들었다. 그리고 현재 파키스탄 남쪽의 발루치스탄(Baluchistan)을 1876년에, 그리고 구 아랍에미리트 연방(Trucial States)을 1892년에 보호령으로 삼았다. 발루치스탄은 우라늄과 구리, 천연가스 등 에너지 자원이 집중 매장되어 있는 전략적 요충지이다. 발루치스탄 서부가 1928년에 이란에 넘어간 이래 발루치스탄에서는 지금도 파키스탄에서 떨어져 나오려는 분리주의 독립운동이 심각하게 전개되고 있다.

영국이 1877년에 남아 연방을 수립하고 트란스발을 병합한 것 역시, 당시 터키와의 전쟁에 러시아가 여념이 없는 틈을 탄 것이었다. 러시아·터키 전쟁이 끝난 뒤에 영국은 베를린 회의(1878)를 통해 인도로 가는 지중해 요로의 섬, 사이프러스(Cyprus)를 확보하여, 인도로 가는 길의 지중해 거점을 한군데 더 확보하였다.

러시아가 페르시아와 아프가니스탄 북부까지 육박해 내려오자 인도 북부에 대한 위협을 느낀 영국은, 1878년부터 2년 동안 제2차 아프간 전쟁을 일으켜 아프가니스탄을 보호령으로 만들었다. 영국은 1890년대에도 꾸준히 아프가니스탄 동부를 남에서 북으로 장악해나갔고, 러시아는 북에서 남으로 팽창을 거듭했다. 그 결과, 영국과 러시아 두 나라는 1895년에 아프가니스탄 북동부에서 맞닥뜨리기 일보 직전까지 가게 되었다. 두 나라 사이에 완충지대가 생겨난 것은 10년 뒤인 1905년에 맺은 영국·러시아 상호 협약에 의해서였다.

러시아가 인도 북부에 해당하는 지역인 중앙아시아, 신장(新疆), 파미르고원 등으로 남하하여, 페르시아, 아프가니스탄, 티베트 북부 지역들이 계속 러시아의 세력권이 된다면, 인도를 가진 영국으로서는 위협이 될 수밖에 없었다. 19세기 중엽 이래 영국과 러시아의 격돌이 점차 인도 서북부를 중심으로 집중적으로 전개된 것도 이 때문이다. 영국과 러시아가 1907년에 페르시아, 아프가니스탄, 티베트와 맺은 세기의 대타협이란, 결국 인도 서북부의 완충지대 설치에 대한 합의였다.

3. 영국·러시아 대결의 실상

그림2

전쟁이란 너무 잔인한 거야. 세계 평화가 오면 좋
을 텐데, 적어도 내가 저녁을 다 먹을 때까지 말야

왕관을 쓰고 냅킨을 두른 채 멋지게 정찬을 즐기려는 러시아 곰의 표정이 마냥 여유롭지만은 않다. 큼직한 스테이크를 포크로 집어 먹으려는 러시아 곰의 저녁 식사 메뉴를 보자. '새로운 세력권'이라고 쓰인 유리 물병, '더 나은 재정 체계'의 빵, '확장된 해군력'이라고 쓰인 소스 용기, '뤼순 요새 강화' 술병 등이다. 종합해보면, 러시아의 팽창 의도는 새로운 세력권, 더 나은 재정체계, 확장된 해군력, 그리고 뤼순 요새 강화에 있다는 의미이다. 이와 달리 그림에 나타난 영국 사자는 멀찍이서 드러누워 여유롭게 러시아를 넘겨다보고 있다.

19세기 러시아는 영국과 대적하기에는 실제로 턱없이 부족했다. 이는 각종 통계로도 증명된다. 영국처럼 유럽 대륙 외곽에 위치했다는 공통점을 제외하고 러시아는 철강 생산량, 국민소득, 해군력 등 모든 면에서 영국과 상대가 되지 않았다. 폴 케네디에 따르면, 1890년 국민총생산에서는 영국이 러시아의 약 1.4배였으나, 1인당 국민소득 면에서는 4.3배 이상이었다. 1890년 영국의 1인당 산업화 수준을 100으로 보았을 때, 러시아는 15에 지나지 않아 영국이 거의 6.7배에 이르렀다. 1890년 철강 생산량을 비교하면 영국은 러시아의 8.4배였고, 군함 톤수도 3.77배를 넘었다.[35]

4. 영국의 기득권에 도전하는 러시아

그림3 최근의 동양 상황
(Latest View of the
Situation in the Orient)

그림4 기다렸다(待った)

그림3 러시아는 청국에서의 이해, 즉 뤼순과 다롄을 차지하며 영국에 거센 도전(DEFIANCE)의 입김을 내뿜고 있다. 이 행동은 청국에서 가장 큰 이권을 쥐고 있던 영국을 화들짝 놀라게 한다.

그림4 러시아는 '기다렸다(待った)'는 듯 청국으로부터 랴오둥반도의 뤼순, 다롄을 조차했고, 영국은 이런 러시아의 행동을 우려스러운 듯 바라보고 있다. **그림3**과 **그림4**는 모두 청국에서 영국의 기득권에 정면 도전하는 러시아의 도발적인 모습을 풍자했다.

5. 중국을 차지하려는 영국·러시아의 경쟁

그림5

그림5 청국을 놓고 다투는 영국과 러시아. 영국인은 청국인의 변발을 잡아당기고 있고, 러시아인은 발로 청국인의 엉덩이를 걷어차고 있다. 두 사람은 청국인이 지금 어떤 모습인지 아랑곳 않고 몽둥이로 서로를 내려치며 싸울 기세이다. 1898년은 제국주의 열강이 중국 동부를 조각조각 분할한 해이다. 중국이야 어찌 되든 분할에 혈안이 되어 있는 영국과 러시아를 미국 언론이 풍자한 것이다.

6. 영국의 러시아 공포증

그림6

　영국은 남하하는 러시아가 두렵다는 러시아 공포증(Russophobia)을 언제부터 가졌을까. 그 실체를 구체적으로 밝히기는 대단히 어렵고 연구도 거의 없다. 결국 19세기 유럽사 맥락에서 전체적으로 이해할 수밖에 없는데, 당시의 풍자 이미지에는 경쟁국에 대한 두려움이 코믹하면서도 적나라하게 묘사되어 있다. 그 가장 대표적인 그림들이 조르주 비고의 풍자화보집에 실려 있다.

그림7

    그림6에서 막 볼 일을 보고 바지를 올리는 영국인을 러시아 곰이 뒤에서 위협한다. 영국인은 아직 눈치를 못 챈 듯하다. 이와 달리, **그림7**에서는 러시아인이 영국인의 뒤를 찌르듯 위협하자, 영국인은 화들짝 놀란 표정이다. 비고의 풍자는 당시 영국이 러시아의 남하, 그 가운데서도 청국으로의 팽창을 얼마나 위협적으로 받아들였는가를 잘 보여준다.

7. 정면으로 대치하는 영국과 러시아

그림8   그림9

프랑스 풍자화가 비고와는 달리, 영·미권 언론의 시각은 영국과 러시아의 힘을 거의 대등하게 묘사하였다.

그림8 발해만을 사이에 두고 랴오둥반도(뤼순)와 산둥반도의 끝자락(웨이하이웨이)에서 영국 사자와 러시아 곰이 대치중이다. 19세기 내내 전 세계적으로 반목해온 영국과 러시아가 이 지역에서 대치하게 된 것은 러시아가 뤼순을 점령한 1897년 12월부터이다. 러시아 전함이 뤼순에 입항하자마자 영국과 일본 함대는 산둥반도의 웨이하이웨이 주변 해역에서 해상 시위를 벌였다. 영국·일본 양국함대가 웨이하이웨이 주변 해역에서 러시아의 남하를 차단하면, 뤼순·다롄에 정박하고 있는 태평양 함대는 블라디보스토크에 있는 태평양 함대와 단

절될 수밖에 없다.

그림9에서 청국을 앙상한 뼈다귀 하나로 묘사한 것은 뼛가루를 섞어서 만드는 영국의 고급 도자기 본차이나(bone china)를 연상시킨다. 영국과 러시아는 '19세기 내내 그래 왔듯이' 청국을 둘러싸고 으르렁거리고 있다.

영국과 러시아 이외에도 경기장 밖 담장 위에는 독수리 두 마리가 앉아 있다. '자유 쿠바'의 깃발을 손에 든 미국 독수리(Eagle)는 스페인으로부터 쿠바, 푸에르토리코, 마닐라를 획득하고 자신만만한 모습이다. 독수리가 쓴 모자의 양쪽 깃에는 푸에르토리코와 마닐라라고 씌여 있고, '자유 쿠바(Free Cuba)' 국기가 들려 있다. 그와 달리 스페인 독수리(Vulture)는 온 몸의 털이 다 빠진 초라한 패자의 모습이다. 이 풍자화가 실린 것은 미서전쟁을 종식시킨 파리 평화협정이 체결된(1898. 8. 12) 다음 날이었다.

8. 조선 세관을 서로 차지하려는 러시아와 영국

▲ 그림10

영국이 거문도에서 철수한 지 11년 뒤인 1897년에 조선에 대한 러시아의 경제적 진출이 눈에 띠게 두드러지기 시작했다. 러시아는 알렉세예프(K. I. Alexeev)를 파견하여 기존의 조선세관의 재정을 맡고 있던 영국의 맥리비 브라운을 대체하고자 했다.

그림10은 조선인의 음식 서빙을 받고 있는 영국과 러시아인의 모습을 표현함으로써 조선 세관(DOUANES CORÉE)을 둘러싼 두 나라의 경쟁 관계를 풍자했다.

▲ 그림11

그림11처럼 러시아는 알렉세예프를 총세무사로 내세우고자 맥리비 브라운에게 사퇴 압력을 넣었다. 러시아 군인이 맥리비 브라운이 앉았던 의자를 뺏고 있다. 영국 군인이 자국인 맥리비 브라운을 앉히려고 애를 쓰는 듯하나, 의자는 이미 러시아 군인에게 빼앗긴 모습이다.

비고는 1898년에 조선에서 영국과 러시아의 경쟁을 이렇듯 구체적으로 그것도 매우 정확하게 포착했다.

9. 한반도에서 러일의 야합과 영국

그림12

그림13

　1898년 비고의 작품에는 영국과 러시아의 한반도 확보 경쟁에 일본이라는 변수가 들어가 있다. 4월에 러시아의 로젠 외무 장관과 일본 외무 장관 니시 도쿠지로(西德二郞) 사이에 이른바 로젠·니시(Rosen-Nishi)협상이 성립되었다.

　그림12에서 한반도에서의 상업·공업 상의 우위를 인정한 이 협정을 반영하듯, 러시아 군인은 조선 (인형)을 차지하려는 일본을 지지해 주고 있다. 그림에서 영국은 이 같은 러일의 거래에 화들짝 놀라는 표정이다.

그림13에서는 러시아가 1898년 초에 이제 막 개설한 한러은행의 문을 닫고 만주 진출에 심혈을 기울이려는 상황이 잘 묘사되어 있다. 뤼순·다롄의 조차협정을 체결하자마자 이곳으로 향하는 시베리아철도를 건설하고자 만주 진출에 적극 매진하려는 러시아의 만주 집중 정책이 표현된 것이다. 러시아가 한반도에 등을 돌려 만주로 향하자, 일본이 조선(인형)을 독차지한 양 기뻐하고 있다.

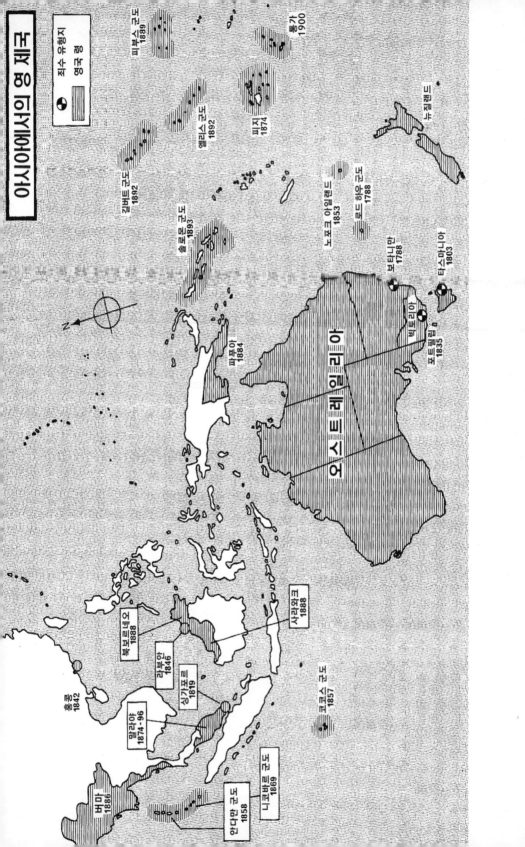

아시아에서의 영 제국

제7장 해가 지지 않는 영 제국, '영광의 고립'

"EXPANSION"

우리는 배가 가는 곳이라면 어디든 가서,

강력한 국가를 여기저기 건설했다네.

위대해지기를 두려워하는 비겁함 때문에

우리가 위대함을 잃지 않도록 신께 기도한다네![36]

19세기 말 영 제국은 전 세계의 바다를 압도적으로 지배하며 발전의 절정에 이르렀다. 인도 총독을 지낸 커즌 경이 위의 시에서 노래했듯이, 19세기는 영 제국의 세기였다. 영국의 우월한 상업과 산업을 통해 세계를 지배한 영 제국은 세계 인구의 1/4의 머리 위로 '유니언 잭'을 휘날렸다. "영 제국에는 해가 지지 않는다(Sun never sets on the British Empire)."라는 관용구가 생길 정도였다.

아프리카에서 영국은 감비아, 시에라리온, 골드코스트, 니제르, 케이프 곶에 이어 이집트, 수단, 우간다, 로디지아, 동아프리카, 베추아날란드, 온두라스, 남아프리카연방(1910년에 자치령이 됨), 카리브 해에서 기아나(British Guiana) 등을 확보했다.

아시아에서 영국은 19세기 초 이래 싱가포르를 동남아시아 최대의 거점항구로 삼아, 1867년에 페낭(Penang), 말라카로 이루어진 해협식민지를 직할령으로 삼고, 1886년에는 버마(미얀마)를 영국령 인도에 합병했다. 1895년에는 보르네오, 파푸아뉴기니, 그리고 말레이반도 남부를 말레이연방에 포함시켜 지배했다. (186쪽 지도)

다양한 민족과 문화를 포괄한 영 제국은 현지 상황에 따라 다양하게 지배했다. 영국 식민지는 크게 두 가지였다. 캐나다, 뉴질랜드, 호주, 남아프리카 등 영국 혈통(british stock)의 '백색(white)' 식민지에는 자치를 부여했다. 19세기 초에 확보한 캐나다(1867년에 자치령)와, 영국의 제임스 쿡이 탐험하고(1770) 죄수들을 유형 보냈던 오스트레일리아가 1901년에 자치령(dominion)이 된 이후 자유민들의 이주가 시작되었다. 영 제국의 백인 자치령들은 제1차 세계대전 이후 영국과 동등한 독립적 지위를 받고 독립했으나, 오늘날에도 여전히 영 연방 국가연합체(British Commonwealth of Nations)의 일원이다.

'백색이 아닌(non-white)' 식민지 즉, 인도와 아프리카에서 영국은 직간접적인 통치 방식을 택했다. 영국의 빅토리아 여왕은 인도 황제를 겸하며, 본국에서 총독을 파견하되, 실질적으로는 토착세력(Raj)의 지원을 받아 통치했다. 당시 무굴제국은 쇠락할 대로 쇠락해 있었다. 인도 아대륙은 가장 많은 인구와 풍부한 자원을 가진, 영 제국의 '왕관 한가운데 박힌 보석'이었다. 인도는 영국에 차, 커피, 면, 황마 등의 원자재를 공급하였고, 이 원자재로 생산한 완제품을 다시 수출할 수 있는 막대한 시장이었다. 인도는 영국에게 경제적 가치뿐만 아니라, 인도양과 수에즈 운하에 이르는 방대한 지역에까지 영향을 미칠 수 있는 전략적 가치를 지녔다. 그리고 무엇보다도 턱없이 부족한 영 제국 육군의 공백을 메워주는 군사적 중요성을 지녔다.

일반적으로 영 제국은 제2차 대전 이후 1947년에 인도가 독립하면서 공식적으로 해체되었다는 것이 정설이다.

Ⅰ. 팽창하리, 터질 때까지

"EXPANSION"

그림1 팽창(EXPANSION)

　19세기 후반 영국에서는 '대영국주의(Large Englandism)'와 '소영국주의(Little Englandism)'의 논쟁이 각 분야에서 전개되었다. 소영국주의란 대외정책에서 제국주의적 영토 확장에 반대하는 입장이다.

　시에서 언급한 '소영국인'들은 과도한 군비가 산업자본의 자유로운 발전을 가로막는다고 주장했다. '소영국인'들은 군비를 삭감하고, 소군비주의를 지향했으며, 식민지의 획득과 지배에 투자하기보다 무역을 통해 이익을 추구하는 것이 바람직하다고 여겼다.

'팽창'

나는 '소 영국인(little Englander)'이 아니라네ー.
모든 선(善)과 위대함을 타고난 '애국자'라네.
그건 누구도 부인할 수 없지.
내 선조들이 자랑스러울 뿐만 아니라,
내가 태어난 조국을 사랑한다네.
나는 조국이 위대하고 성스러운 '대의(Cause)'로
'팽창하기를' 갈망한다네.

우리의 옛말에, 군복의 견장은 '영광'을 갈구한다고 했지.
피부를 잘 부풀려, 터질 때까지 팽창하리.
진정한 애국주의자(Jingo)라면,
분명 그 이야기에 담긴 모럴을 고려할거야.
애국주의자는
"영광을 위해 어떻게 쓰러지고 팽창했는지"를
자부심으로 말할 거야.
그러니 자, 우리 모두 "영광"으로 팽창하게 되리라,
팽창하리,
팽창하리,
모든 땅에서,
터질 때까지 팽창하리!

2. '영광의 고립'

◀ 그림2 존 불의 혼잣말

우리는 굳이 싸우고 싶지는 않지만, 싸운다면 애국주의자로서 싸울 수는 있지. 우리에겐 함대도 있고, 해군도 있고, 돈도 있으니까

그림3 ▶

그림4 존 불의 새로운 도덕 학교 (John Bull's' New School of Morals)

그림3 열강이 담장 너머로 엿보고 있는 영역에는 '개 조심' − 주인 존 불(Beware of DOG, John Bull)이라는 표지판과 '여기는 영국 영토임(English Possessions)'이라는 표지판이 설치되어 있다. 각종 무기로 잔뜩 무장하고 있는 영국의 존 불이 열강에게 강력하게 경고하고 있다. "신사 분들, 우리는 평화를 사랑하오. 그렇지만, 펜스를 넘어 온다면 아마 분명 성치 못하게 될 거요."

그림4 존 불이 열강에게 앞으로 중국에서 어떻게 행동해야 할지를 설명하고 있다. 뒤 쪽 벽에는 다음과 같은 글귀가 적혀 있다. '여러분들이 갖고 싶은 걸 보게 되면 얼른 가지시오(when you see anything you like, grab it).'

그림5

거인 존 불이 수많은 자국의 함대와 거대한 포대, 그리고 유니언 잭을 휘날리며 당시 동아시아에서 전개되고 있는 미서전쟁을 멀리서 조망하고 있다. 그렇지만 대륙 열강은 영국이 망원경으로 바라보고 있는 전쟁 상황을 알 길이 없다. 그래서 그들은 존 불을 부러운 듯이 바라보고 있다. 오스트리아는 기껏해야 조그만 망원경으로 거인 존 불의 모습을 살펴보는 정도이다. 유럽 열강이 존 불에게 뭘 그렇게 보고 있느냐고 묻자, 존 불은 "아니, 아무 것도 아니야, 그냥 보는 거야"라고 안심시키고 있다. 당시 영 제국과 유럽 열강의 세력관계가 어느 정도로 격차가 컸는지를 이 그림이 말해준다.

3. 영 제국의 저탄기지 독점

그림6 활기 넘치는 부둣가에서(On the Quay Vive)

존 불: 군납 품목들인가(What, Maties)!
청국에 내 석탄을 제공하길 원하는 게(Want some o'my coal to get to China)
바로 당신들이구만(Right you are)!
그리고는 혼잣말로(to himself):
난 언제든지 석탄 공급을 중단시킬 수 있지(I can always stop the supplies)!

영국이 저탄기지를 독점한 것은 제국과 제국망을 유지하는 데 가장 중요한 해군력을 유지하기 위해서였다. 19세기 말 영국 해군은 여전히 세계 제1위였지만, 추격해오는 독일, 프랑스, 러시아의 해군을 의식하지 않을 수 없었다. 폴 케네디의 분석에 따르면, 1890년 67만 9천 톤에 달하는 영국의 군함 톤수는 여전히 압도적인 세계 1위였다. 2위인 프랑스보다 2.12배, 3위인 미국보다 2.82배에 달했다. 프랑스,

그림7

러시아, 독일의 군함 톤수를 합쳐도 68만 9천 톤이다. 이는 영국의 수
준을 가까스로 앞서는 차이밖에 없었다.

　1900년 영국의 군함 톤수는 106만 5천 톤으로 급증하였고, 2위인
프랑스보다 2.13배나 앞섰다. 그리고 여전히 프랑스, 독일, 러시아의
군함 톤수를 다 합쳐야 영국을 간신히 넘어설 수 있었다.

　1910년이 되면, 영국의 군함 톤수는 1900년에 견주어 두 배가 늘

어난 217만 4천 톤이었다. 뚜렷한 변화가 있다면, 독일의 군함 톤수가 세계 2위인 96만 4천 톤으로 급부상했다는 점이다. 독일 해군은 1890년의 5.07배, 1900년의 3.38배로 성장했다. 독일이 영국 해군에 얼마나 과감하게 도전했는지, 그리고 각 나라의 건함(建艦) 경쟁이 얼마나 치열했는지를 알 수 있는 대목이다. 그러나 그해 독일, 프랑스, 러시아 삼국의 군함 톤수를 다 합쳐도 209만 톤이다. 오히려 영국에 약간 못 미칠 정도였다. 영국은 여전히 세계 최강의 해군력을 자랑하는, 해가 지지 않는 대제국이었다.

그림6에서 영국의 저탄기지(British Caoling Station)가 석탄을 사려는 열강으로 붐비듯이 그림7에서도 영 제국이 막대한 석탄을 산더미처럼 쌓아 놓은 거대한 저탄기지를 인도를 비롯한 동아시아에서 확보하고 있다고 과시하는 듯하다.

유니온 잭이 휘날리는 독자적인 항만 시설에서 영국의 존 불이 '저탄기지(貯炭基地)'라고 쓰인 작은 깃발을 든 채 여유로운 표정으로 서 있다. 저탄기지에는 함대에 연료를 보급할 막대한 석탄광산과 그것을 지킬 포까지 갖추어져 있다.

19세기는 해군력이 강대국의 척도였던 만큼, 석탄과 저탄기지의 확보는 필수적이었다. 군함과 상선을 가동시키는 데 중요한 구실을 담당한 것이다. 유럽의 대륙 열강(러시아, 프랑스, 독일)은 영국에게 손을 벌려 도움을 요청하는 듯하다.

영국의 《펀치》지는 그림6에서 유럽 열강과 영국의 모습을 그리 큰 격차가 드러나지 않게 묘사했다. 이와 달리 그림7에서 미국의 《퍽》지는 영국의 저탄기지 독점을 경이로운 시각으로 바라보았다. 영 제국과 유럽 열강이 그 위상에서 큰 격차가 있는 것으로 묘사한 것이다.

4. 유럽 대륙국가들 –
영국이 두렵다(Anglophobia)

그림8

프랑스, 러시아, 독일의 세 나라 개들이 영국 황소를 향해 짖고 있다. 개들을 짖게 하여 소를 골리는 놀이는 영국의 전통 놀이 가운데 하나다. 식민지 확보 경쟁에서 영국을 제외한 다른 유럽 국가들은 서로 연합하곤 했고, 영국은 그 압도적인 우위 때문에 고립되곤 했다. 개는 상대를 위협하기 위해서 짖는다기보다, 오히려 상대가 두려울 때 짖는다고 한다. 《펀치》지의 이 그림은 영국의 존재를 두려워하는 유럽 대륙 국가들의 영국 공포증(Anglophobia)을 드러낸다. 영국 황소의 크기가 유럽 개들의 몸집보다 엄청나게 큰 것은 영국의 압도적인 우위를 말해준다.

그림9

영국 해적 존 불이 큰 소리로 외치고 있다. "조용히 해! 이 늑대들아! 나누어 줄 테니 조용히 해!" 칼을 손에 쥔 그 앞에 지구본이 있다. 러시아 프랑스 터키 등은 존 불에게 무언가를 달라는 듯 자비를 구하는 모습이지만. 거구의 러시아인은 허리춤에 손을 얹은 채 다소 거만한 모습이고, 러시아인 뒤에 있는 프랑스인의 모습 또한 구걸하는 듯하다. 오스트리아의 《피가로》지는 러시아인을 큰 몸집으로 묘사하는 경향이 있으며, 오스트리아와 적대 진영인 러불동맹을 자주 풍자 대상으로 삼았다.

5. 영 제국, '영광의 고립'

그림10 동맹놀이

영국은 이제 동맹국을 찾고 있다. 그러나 열강은
(영국이) 주머니에 손을 넣고 있을 때 그토록 아
쉽게 느꼈던 영국의 손길을 이제는 피하고 있다.

1898년의 풍자화에 나타난 영 제국의 모습에는 여전히 해가 지지
않는 제국이라는 자부심이 넘친다. 그러나 다른 한편으로는 영 제국
이 세계를 효율적으로 통제할 여력이 없다는 듯 무력한 모습의 이미지
도 서서히 등장하기 시작하였다. 영 제국은 자국의 고립이 더 이상 '영
광스럽지' 않음을 자각했다. 1899년 남아프리카 '트란스발 문제'를 계
기로 자국이 고립되었음을 더욱 절감하게 된다.

1898년은 영 제국이 고립주의를 탈피하고자 적극적으로 동맹을 찾
아 나선 때이다. 영국은 1898년 이전에 유럽의 동맹체제에 가담하라
는 제의를 독일로부터 받았을 때 '영광스러운 고립(Splendid Isolation)'

을 고수했다. 그러나 막상 1898년에 영국이 독일, 러시아, 프랑스 등 동맹 파트너를 찾기 위한 동맹 교섭을 시작했을 때는 거듭 실패했다. 오스트리아의 《데어 플로》지는 이러한 영국의 곤경을 익살스럽게 풍자하였다.

그림11 영·독동맹 교섭

그림11은 영국의 체임벌린 식민 장관과 하츠펠트(Count Paul von Hatzfeldt)런던 주재 독일대사 사이의 회동을 소재로 한 풍자화이다. 1898년 3월 29일에 있었던 두 사람의 회동은 명목상으로는 당시 청국의 조차(租借) 문제를 포함한 식민지 일반에 대한 것이었다. 이 담화

에서 체임벌린 식민 장관은 영국과 독일 두 나라가 중국 문제에 관해 방어 동맹을 체결해야 한다고 하츠펠트에게 말했다. 이때 하츠펠트 독일대사는 두 나라가 공통의 이해관계를 가지고 있음을 확신시키는 발언을 하여 독일과의 동맹을 희구하던 체임벌린을 놀라게 했다.

그러나 사실 당시 독일 안의 기류는 하츠펠트의 언급과는 거리가 있었다. 티르피츠 제독(Admiral Alfred von Tirpitz)이 제1차 해군 함장안(Navy Bill)에 따르면, 독일 제국의회(Reichstag)는 영국을 독일의 위협적인 존재로 검토하고 있었다. 당시 수상 겸 외무 장관 뷜로우(Bernhard von Bülow)도 영국 내각은 새로 들어서면 으레 전임자들의 외교정책을 뒤집을 것이므로 독일의 신뢰할 만한 동맹국이 될 수 없을 것이라고 생각했다. 뷜로우 수상은 중국에서 영국보다 오히려 러시아와 손을 잡는 것이 더 바람직할 것으로 생각할 정도였다. 이에 영국과의 협정이 바람직하지 않을 것으로 생각이 바뀐 하츠펠트 대사는 4월 25일에 양국 관계 개선의 대가로 영국에 과도한 식민지 양보를 요구했다. 체임벌린 식민 장관이 이 제의를 거절하면서 1차 영국과 독일의 동맹 교섭은 실패로 끝났다.

실망한 체임벌린 식민 장관은 5월 13일 버밍엄에서 다음과 같이 연설했다. '우리에겐 동맹이 없다. 우리에게 친구까지도 없을까 두렵다. 우리는 지금 홀로 서 있다." 영국이 외교적 고립에 처한 심경을 토로한 것이다. 이후 남아프리카 트란스발이 공식적으로 영국의 종주권을 거부하자, 체임벌린 식민 장관과 솔즈버리 수상은 남아프리카 남동부 모잠비크의 델라고아 만(Delagoa Bay)을 놓고 포르투갈과 교섭에 들어갔다. 트란스발과의 전쟁이 임박해진 상황에서, 포르투갈이 보어공화국으로 향하는 항구에 무기를 싣는 것을 금지시켜주길 기대했기 때문이다.

  그 결과 포르투갈 제국이 파산할 경우, 포르투갈 제국의 분할에 대해 합의한다는 영·독협상(Anglo-German Convention)이 8월 30일에 체결되었다. 이 우호적인 해결책은 체임벌린으로 하여금 포괄적인 영·독 협성 즉 영·녹 농맹의 불씨가 아직 살아 있다는 희망을 갖게 했다. 남아프리카 문제를 계기로 영국의 고립감이 얼마나 심각했으며, 동맹 파트너를 찾기 위해 영국이 얼마나 절치부심했는지를 엿볼 수 있다.

6. 영국의 고립 탈피 시도

그림12

그림12 영국의 귀부인은 파티장에서 누구를 파트너로 할 것인가를 고민하고 있다. 뒤편에 독일, 프랑스, 일본 군인의 모습이 보인다. 영국은 고립에서 벗어나기 위해 독일을 필두로, 프랑스, 러시아 등과 동맹 체결을 시도했지만 성사되지 못했다.

그림13 영국 외무성(Foreign Office)의 문짝을 고쳐 달고 있다. 그 동안 식민성의 주도 아래 눌려 있던 외교 정책이 이제 외무성 본연의 업무로 제자리를 찾아가는 것이다. 1898년까지 영국 외무성은 유럽 외교 문제뿐 아니라 백인 자치령과 이집트, 중국, 아프리카 등 제국 속

그림13

령의 업무까지 관장해왔다. 뿐만 아니라, 19세기 말까지도 영국의 외교 정책은 개인의 정책이었다고 해도 지나친 말이 아니었다.[37] 그림에서처럼 이제 문짝을 교체하는 영국 외무성은 19세기 내내 지속되어 온 영 제국의 '영광스러운 고립'에 종지부를 찍기 위해 동맹 파트너를 적극 찾아 나설 것이다. 영국이 1902년에 일본과 '동맹'을 체결한 것은 영국 외교의 극적인 전환이었다. 영일동맹은 한반도에서 일본의 지대한 이익(paramount interest)이 있음을 인정해줌으로써 일본의 대륙 팽창에 날개를 달아주었다.

7. 새 존 불을 구함(Wanted-A New John Bull)

그림14 바보 같은 존 불의 인체 모형(The Stupid Lay-Figure of John Bull)

No.1 (영국군 차림의) 제국의 팽창주의자(The imperial expander)
No.2 (해병 차림의) 바다의 지배자(The wave ruler)
No.3 사업에 눈 뜬 세계여행가(The universal tourist with an eye to business)
No.4 (정장 모자, 정장, 그리고 코트를 갖춰 입은)
　　　성공적인 금융인(The successful financier)

　그림 제일 오른쪽 마지막 부분, 바보 같은 존 불 인체 모형을 주목해보라. 1898년 말 영국을 상징하는 존 불의 모습이 예전에 비해 '낡고 쓸모없는(old, obsolute)' 모양새다. 그러니 이제 영국을 상징하는 새로운 존 불 모형을 찾는다는 광고이다. 그림 왼편부터 차례로 등장한 네 개의 존 불 모형의 경력은 화려하다. 해가 지지 않는 영 제국의 위상을 반영한다.

이와 달리 '낡고 쓸모없는(old, obsolute)' 존 불 모형은 가장 마지막에 그것도 뒤 켠에 한 발 물러나 서 있는 풀 죽은 모습이다. 심지어 정식 존 불 모형 축에도 들지 못한 신세이다. 바로 이 모습이 1898년 영 제국의 실상이라는 미국 언론의 풍자이다. 1898년 말 영 제국의 고립이 얼마나 심각했으며, 제국의 해가 저물어가고 있다는 위기감을 얼마나 심각하게 느끼고 있었는지 알 수 있다.

영 제국은 1931년에 제정한 웨스트민스터 법규에 따라 영 연방(British Commonwealth)으로 탈바꿈했다. 현재 영 연방에는 54개국이 속해 있으며, 세계 70억 인구의 1/3 가까이 여기에 속해 있다. 영 연방 전체 인구의 94퍼센트는 아시아와 아프리카에 몰려 있다. 아시아에서는 영 제국의 식민지였던 인도 12억 명과 인도에서 분리 독립한 파키스탄 1억9천6백만 명, 방글라데시의 1억6천6백만 명 인구만 합해도 16억에 달한다. 아프리카대륙에서는 나이지리아, 남아프리카 등 과거 영국의 식민지였다가 독립한 18개 나라들이 여기에 속한다.

현 영국이 소유하고 있는 해외 영토로 17세기 초 이래 영국 영토인 북대서양의 버뮤다와 서인도 제도가 있다. 지중해로 들어가는 관문인 지브롤터 해협도 1713년의 위트레흐트 조약 이래 '영속적으로(in perpetuity)' 영국이 소유하고 있다. 실론(오늘날 스리랑카)은 1867년 인도와 함께 속령이 되었다가 독립하여 영 연방의 일원으로 남았다.

영 연방은 식민지시대와 달리 주권국가들의 자발적 결집체로서 공동체적 질서와 평화를 지향하되, 정치적 세력화나 군사적 블록화를 시도하지 않았다. 그렇지만 영 연방에 속한 국가들은 개별 독립 국가로 바뀐 이후에도 여전히 영 연방의 일원으로서의 공통된 정체성을 가지고 있다. 영국 국왕을 상징적 수반으로 인정하고, 영국 국왕의 생일을 제국 기념일(empire day)로, 1958년 이후에는 이 날을 연방기념일

(commonwealth day)로 삼고 있다. 1971년 '싱가포르 선언'에는 영 연방의 정체성이 잘 드러난다. 민주주의, 인권, 불문법, 개인의 자유, 평등, 자유무역, 다원주의, 세계 평화 등의 공감대가 있다는 것이다

영 연방은 1930년 이래 4년마다 영 연방 게임(Commonwealth Games)을 개최하며 영어, 영국 문화, 영국적 가치를 공유하고 있다. 연합 왕국(United Kingdom of Great Britain and Northern Ireland)에 속해 있는 나라들(England, Scotland, Wales, Northern Ireland)도 네 팀으로 나누이 영 연방 게임에 출전한다. 이들은 영 연방 게임뿐만 아니라, 축구, 미인 대회도 각각의 대표를 따로 내보낸다.

2016년 7월, 영국은 EU 탈퇴(BREXIT)를 선택했다. 브렉시트는 영 연방의 종말일까. 20세기 말 독일이 통일된 이후 우여곡절 끝에 EU에 동참했던 영국이다. 브렉시트는 곧 연합 왕국 (UK)의 해체로 이어질 것인가. 19세기 내내 고립(Splendid Isolation)'을 고수하다가 동맹을 선택하고, 20세기 말에 EU에 가담했던 영국은 이제 다시 고립주의로, 소 영국(Little England)으로 다시 돌아가는 듯하다.

역사를 거슬러 올라가보면, 연합 왕국(UK)은 1801년 아일랜드를 영국의 법률과 통치가 적용되는 지역(English Pale)으로 통합한 데서 출범했다. 그 이전에는 1707년 스코틀랜드 의회와 통합한 대영국(Great Britain)이었다. 스코틀랜드 왕실과 결합했던 때가 1603년, 더 거슬러 올라가 웨일즈를 병합하여 왕세자가 통치하는 지역으로 묶어두게 된 때가 1301년이었다. 역사의 수레바퀴를 몇 바퀴 더 되돌려 고대사로 올라가면 영국은 동남부의 런던을 중심으로 한 앵글족의 나라(Angle's Land), 즉 잉글랜드(England)에 불과했다.

역사에서 영국의 고립주의 행보도 사실 새로운 현상은 아니다. 1534년 영국의 헨리 8세는 스스로 영국 교회의 수장임을 선포하며 로

마 카톨릭 교회와 결별했다. 헨리 8세의 종교개혁은 독자적인 영국 국교회(성공회로 불리는)의 홀로서기였을 뿐만 아니라, 교회로부터 몰수한 토지를 영국의 부르주아들에게 헐값으로 재분배한 경제개혁이기도 했다. 영국의 '종교개혁'은 당시 유럽 대륙에 대단한 파장을 몰고 왔나. 여선히 기녹교 중심의 세계관 속에 살던 대다수 유럽인들에게 영국의 홀로서기는 오늘날 브렉시트 이상의 충격적인 사건이었을 것이다.

세계가 하나의 글로벌 경제로 통합된 지금 영국의 홀로서기가 가져올 파장은 유럽을 넘어 일파만파로 확대되는 추세이다. 현 시점에서 브렉시트의 여파를 짐작하기는 어렵지만, 소영국으로의 회귀가 어떤 나라들에게는 분명 기회가 된다. 스코틀랜드, 아일랜드 등 UK(United Kingdom)에 속해 있던 지역은 독립의 기회가 될 것이고, 인도 등 영 연방 국가들은 영국과의 관계를 오히려 확대시키는 기회로 받아들이고 있다. 역사는 그렇게 음양의 수레바퀴로 공평하게 흘러가는지도 모른다. 2016년은 또다시 1898년만큼이나 세계 역사의 분기점의 해가 될 것인가. 우리가 2016년을 역사의 방향성이 바뀌는 해가 될 것으로 예감했던 것처럼, 1898년 그때의 사람들도 '해가 지지 않는' 영 제국의 '해가 지고 있다'고 절감했을까.

제8장 미서전쟁과 미 제국의 탄생[*]

company provide for the building of a trunk line railroad from Hankow, south to Canton, a distance of about 1,000 miles. It will run through the richest and most fertile region of China. The population of that section of China is 200,000,000. From Hankow, north to Pekin, runs a proposed railroad, the concession for which was obtained by a Belgian syndicate; from Pekin northwest runs a short road owned by China, which will connect with the great trans-Siberia road, built by Russia. Thus the road permitted by the American concession will have through connection with the Russian Siberian road. The most valuable part of the concession obtained by the Americans is the financial

Continued on Ninth Page.

AND HE RETURNS IN THE SAME SHIP IN WHICH HE CAME.

---

* 석화정, 〈미국－스페인전쟁과 미디어의 풍자 이미지에 나타난 팽창주의, 반(反)제국주의〉《軍史》제98호(2016.3)를 재편성한 글임.

"미국·스페인 전쟁은 아주 짧았다. 그러나 그 결과는 아주 놀랄만한, 세계적 의미가 있었다."

헨리 캐벗 로지(Henry Cabot Lodge) 미 상원의원의 미서전쟁에 대한 이 토로는 매우 함축적이다. 미서전쟁은 서전포고에서 강화(講和)까지 6개월도 채 걸리지 않은 짧은 전쟁으로, 아메리카 대륙에서 스페인을 추방함으로써 대항해시대 이래 4세기 동안 지속되어 온 스페인의 서반구 지배를 완전히 종식시켰다.

미국의 쿠바 개입에 대한 강력한 후원자였던 로지 상원의원은 매킨리(William Mckinley) 행정부의 루즈벨트(Theodore Roosevelt) 해군 차관, 《뉴욕 저널 New York Journal》의 발행인인 허스트(William Randolf Hearst)와 함께 미서전쟁을 일으킨 삼인방이다. 쿠바 문제에 대한 개입은 로지에게는 미국의 팽창을 정당화하고, 허스트에게는 신문 발행 부수를 늘리게 해주었으며, 루즈벨트에게는 자기과시, 남성성, 정치적 야심을 채우게 해주었다.[38]

쿠바의 대 스페인 반란군을 후원하던 미국은 1898년 1월 26일, 미국 전함 메인(Maine)호를 평화적이고 우호적인 목적으로 아바나(Havana)항에 파견했다. 그러나 전함 '메인 호'는 2월 15일에 원인 모를 이유로 폭파되었고, 미 해병 266명이 사망했다. 조사위원회 결과가 나오기도 전에, 미국 언론들은 공격적인 어조로 스페인이 쿠바에서 철수할 것을 요구했다. 신문과 잡지 등 미디어에서는 대형 헤드라인과 풍자 이미지를 동원하여 적극적으로 쿠바·스페인전쟁에 개입하라는 압력을 넣었다. 일부 지식인들이 해외 영토 획득에 반대했지만, 당시 쿠바·스페인전쟁에 대한 미국의 개입 요구는 거스를 수 없는 애국주의 열기였다.

그러므로 미서전쟁은 스페인의 지배에서 쿠바를 자유롭게 한다는 미디어가 조장한 도덕, 인간애의 이상주의적 명분으로, 열렬한 미국 국민들의 지지를 받아 전개되었다. 《뉴욕 월드》와 《뉴욕 헤럴드 New York Herald》 두 신문은 경쟁적으로 대형 이미지와 대형 헤드라인을 1면 가득 싣고 애국주의를 선동했다. '황색언론(Yellow Journalism)'이란 용어도 미서전쟁기에 처음 생겨났다. 두 신문의 발행인인 허스트와 퓰리처(Joseph Pulitzer)가 나란히 황색 옷을 입은 모습으로 개전의 압력을 가했던 풍자 이미지에서 나온 것이다. 개전 이후에는 마치 군사전략적인 이해관계와 제국주의적인 해외 팽창이 전쟁의 목적이었던 듯 미디어의 선동이 정부의 팽창 정책을 이끌었다.

스페인이 미국 전함 메인 호를 폭파시켰다는 황색언론의 경쟁적인 선동과 허위 보도는 사실 근거가 없는 과장된 왜곡 보도였다. 1976년 미 해군제독의 보고서, 1999년 《내셔널 지오그래픽 National Geographic》, 2002년 《히스토리 채널 History Channel》 등에서 나온 최종 보고서는 '메인 호'가 전함 내부의 보일러 기관에서 폭발한 것으로 결론지은 바 있다.

미디어의 풍자 이미지와 헤드라인 등을 중심으로 재구성해본 1898년의 미서전쟁은 그 시작과 진행 과정과 끝이 놀라울 정도로 연결되지 않는 모순된 전쟁이었다. 그 점에서 미서전쟁은 광란의 제국주의가 절정에 달한 1898년을 상징하는 전쟁이었다고 해도 지나친 말이 아니었다. 미국 미디어의 호전적 애국주의는 스페인전쟁의 개입을 어떻게 선동하고 해외 팽창을 주도했을까.

I. 전함 '메인 호'의 폭발과 미국의 '황색언론'

▲

그림1 전함 '메인 호'의 파괴는 적의 소행이었다
(DESTRUCTION OF THE WAR WHIP MAINE WAS THE WORK OF AN ENEMY)
(헤드라인)

루즈벨트 해군 차관은 '전함'의 폭발이 우연한 사고가 아니었다고 확신하고 있다.
(Assistant Secretary Roosevelt, Convinced the Explosion of the War Ship Was Not an Accident)
(중간 헤드라인)

MAINE EXPLOSION CAUSED BY BOMB OR TORPEDO?

Capt. Sigsbee and Consul-General Lee Are in Doubt---The World Has Sent a
Special Tug, With Submarine Divers, to Havana to Find Out---Lee Asks for
an Immediate Court of Inquiry---Capt. Sigsbee's Suspicions.

CAPT. SIGSBEE, IN A SUPPRESSED DESPATCH TO THE STATE DEPARTMENT, SAYS THE ACCIDENT WAS MADE POSSIBLE BY AN ENEMY.

Dr. E. C. Pendleton, Just Arrived from Havana, Says He Overheard Talk There of a Plot to Blow Up the Ship---Capt.
Zalinski, the Dynamite Expert, and Other Experts Report to The World that the Wreck Was Not
Accidental---Washington Officials Ready for Vigorous Action if Spanish Responsibility
Can Be Shown---Divers to Be Sent Down to Make Careful Examinations.

▲

그림2 '메인 호'의 폭발은 폭탄 혹은 어뢰에 의한 것?
(MAINE EXPLOSION CAUSED BY BOMB OR TORPEDO)?
(헤드라인)

　'메인 호'가 파괴된 지 이틀 뒤인 2월 17일, 이른바 '황색 언론'의 대
표적인 두 신문이 처음으로 미 전함 '메인 호'의 폭발이 스페인에 의한
것임을 단정 짓는 헤드라인을 달았다.

2. 본격적인 여론 몰이

그림3 엉클 샘: 이 무기들을 내가 사용하게 될
지는 알 수 없지만, 준비하는 것이 상책이지
(I Don't Know Whether I'll Want to Use These
Things, But There's Nothing Like Being Prepared)

2월 23일, 미국이 전쟁을 구체적으로 준비하는 모습의 이미지들이
등장하기 시작했다. 스페인(Spain)에 잔뜩 의혹(suspicion)의 눈길을 보
내는 《솔트레이크 헤럴드 The Salt Lake Herald》지의 **그림3** 이미지에는
성조기 옆에서 두 팔 가득 무기를 든 엉클 샘이 아무래도 개전을 준비
해야겠다고 혼잣말을 하고 있다.

그림4 설마 나를 의심하지는 않겠지요(Surely You Don't Suspect Me)?

　같은 날, 워싱턴의 《더 타임즈 The Times》지도, 억울해 하는 스페인인의 양쪽 허리춤의 칼에서 피가 뚝뚝 흘러 떨어지는 **그림4**의 이미지를 게재했다. '설마 나를 의심하지는 않겠지요'라는 캡션은 사실상 '메인 호'의 폭발이 스페인 정부의 소행이 틀림없다는 여론몰이가 본격화했음을 의미한다.

3. 신중과 개입 사이를 오가는 언론

그림5 냉철함을 유지하고(Keep Your Head Cool)

그림5 《뉴욕 헤럴드》의 다소 신중한 이미지가 《캔자스 시티 저널 The Kansas City Journal》일요판에 전재되었다. 이 이미지에서 엉클 샘은 '상식(Common Sense)'과 '판단(Judgement)'의 압력 속에서 냉철함을 유지하고자 애쓰고 있다. 엉클 샘의 뒷머리에는 '상식'이라고 쓰인 네모난 돌에 양 손잡이가 달린 갈고리가 단단하게 고정되어 있다. 그리고 '상식'이 중요하다는 듯한 사람이 그 갈고리 손잡이에 매달린다. 엉클 샘의 앞이마에는 소란스런 여론을 '판단'이라는 큰 망치로 제어하는 다른 손이 보인다. 호전적 애국주의의 열기 속에서 '상식'이라는 미국 독립혁명의 모토가 함께 작동되고 있음을 엿볼 수 있다. 《캔자스 시티 저널》은 처음에는 이처럼 무력 개입에 반대했다가 점점 호전적인 이미지와 헤드라인을 게재하는 것으로 경향성이 바뀐 대표적 신문이다.

그림6 개전하는 데 가장 적절한 시기는 언제일까(When is the Properest Time to Fight)?

   개전을 준비하는 모습과 개입을 주저하는 모습을 대비시킨 **그림6**
에서는 두 부류의 정치가들이 비교되고 있다. '개전의 가장 적절한 시
기로 언제가 좋을까'를 지도, 신문, 자료, 달력 등을 보며 곰곰이 생
각하는 지도자들의 모습이 그림 앞부분에 보인다. 벽면에는 '메인 호'
가 폭발된 날이 2월 15일임을 말해주는 달력이 보인다. 숫자 15가 크
게 표시되어 있다. 그런가 하면, 그림 뒤편으로 개전은 절대 안 된다
(NEVER!)고 반대하는 정치가들의 모습이 보인다. 그들의 외양은 뚱뚱
해서 둔해 보이고 큰 소리로 울부짖는 듯 분노 서린 모습이다. 이와
달리, 개입을 고려하고 있는 정치가들은 진지하고 냉철하게 고민하는

대조적인 모습이다.

그렇다면 이 이미지는 개전을 지지하는 편에 선 것일까 아니면 개전 반대편에 선 것인가. 독자 판단에 맡긴 중도 입장일까. 분명하지 않다. 어쩌면 셋 다 일수도 있다. 정치풍자화의 진정한 생명력은 독자가 각자 원하는 정보를 찾아 카타르시스를 느낄 수 있도록 중의적 메시지를 담아내는 데 있지 않을까.

4. 우리는 모두 미국인, 우리는 모두 애국자

그림7

우리는 모두 미국인, 우리는 모두 애국자
(ALL ARE AMERICANS, ALL ARE PATRIOTS) (헤드라인)
조국의 사명이 자유민들을 불러 모을 때 파벌이 있을 수 없다
(No Party Lines When Duty's Call Arouses Freemen for Their Country)
(중간 헤드라인)

그림7의 헤드라인은 프랑스대혁명을 촉발시킨 시에예스 신부(Abbé
Sièyes)의 팜플렛 "제3신분이란 무엇인가(Qu'est-ce que le Tiers État)?"

그림8 단지 망설이고 있을 뿐, 준비되어 있다(Muzzeled, but Ready)

를 연상시킨다. '제3신분이란 무엇인가. 제3신분은 전체 국민이다. 제3신분이 아니면 국민이 아니다. 제3신분이란 무엇인가. 전부(Tout)이다.' 제3신분을 정의하는 이 문건이 대혁명을 일으키는 데 이바지했다면, 우리는 모두 미국인이고, 당연히 모두 애국자이고, 따라서 우리는 전쟁에 찬성한다는 일방적 애국주의야말로 미서전쟁을 일으키는 데 기여한 애국주의였다.

그림9
엉클 샘- 이 두 군견에 대해 말하자면(Speaking of Dog Shows)

3월 9일은 미 의회가 만장일치로 개전에 찬성한 날이었다. 이 날 의회는 5천만 달러의 국방예산 편성을 위한 비상법안을 통과시켰다. 이날 언론에는 "전쟁 개시를 지지하는 만장일치 투표", "준비되어 있다." 등 즉각적으로 전쟁을 촉구하는 내용의 헤드라인과 정치풍자화가 신문 1면을 장식했다. 이날 《헤럴드(LA)》지에 실린 **그림8**은 군견(軍犬)의 입에 재갈이 물려있지만 언제든지 전쟁을 개시할 준비는 되어 있다는 듯 호전적이다. **그림9**는 미 육군(Army)과 해군(Navy)의 군견 두 마리(Two Prize Winners)를 과시하는 미국(U.S. Exhibits Dogs of War)의 호전적인 분위기를 담았다.

5. '메인 호를 기억하라'

▲ 그림10

▲ 그림11

▲ 그림12

그림10, 11, 12처럼 "쿠바를 자유롭게(FREE CUBA)", "메인 호를 기억하라(REMEMBER THE MAINE)", "어찌 잊으랴(WILL I EVER FORGET IT)?", "잊지 말아야(Lest We Forget)!" 등의 구호가 펄럭이는 성조기 이미지와 함께 언론을 장식했다. 미디어 매체들은 앞 다투어 비슷한 이미지를 수없이 반복 재생산했다.[39]

특히 "메인 호를 기억하라"는 미서전쟁을 해마다 기념할 때 미디어 1면 전면에서 반복된 슬로건이었다. 이 구호는 상점과 거리의 애국주의 구호였을 뿐만 아니라, 껌 포장지, 빵 봉지, 성냥박스, 스푼, 단추 등 각종 상품 포장에까지 등장한 슬로건이기도 했다.[40]

"전함 메인 호가 (…) 스페인의 소행으로 폭침되었고, 선원들은 죽었다 (…) 깨어나라! 이건 꿈이 아니야. 선원들의 비명소리가 들리지 않나?(…)"[41]

당시에 등장한 메리 엘리자베스 램의 노래 〈미국이여 깨어나라 Awake United States!〉이다. 5절에 달하는 가사와 후렴구는 호전적인 선동 그 자체였다. 이 애국주의적인 선동가의 가사와 후렴구에는 메인 호가 스페인에 의해 폭침되었으므로 전쟁에 나가 스페인을 응징하자는 내용으로 가득 차 있다. '메인 호' 사건 이후 미디어의 호전적 애국주의로 말미암아 스페인과의 평화로운 해결책을 찾자는 여론의 통로는 처음부터 봉쇄되었다. 전쟁 이외에 미국이 다른 방향을 선택할 여지는 없었던 것이다.

6. 주저하는 매킨리 대통령

그림13 매킨리 대통령은 의회의 지지를 받고 있다
(President McKinley is Backed by Congress)

    미디어들은 여전히 주전론자와 신중론자의 두 갈래로 갈려 개입 압력과 신중한 보도 사이를 오갔다.

    그림13에서 '의회의 지지를 받고 있는 매킨리 대통령'이 스페인의 악정은 근절되어야 한다는 메시지를 한 손에 들고 있다. 의원들은 개입을 주저하고 있는 매킨리 대통령을 억지로 등 떠밀고 있다. 묶여 있는 쿠바 소녀를 자유롭게 하기 위해서이다.

그림14 어찌할 바를 모르는 매킨리 대통령(Still Juggling)

《헤럴드(LA)》지는 여전히 개입 여부를 명확히 결정하지 못하고 있는 미 행정부, 의회에 압력을 넣는 이미지를 게재했다. **그림14**에서 매킨리 대통령은 아슬아슬하게 외줄타기 곡예를 하는 능란한 곡예사로 묘사되었다. 대통령은 칼(전쟁), 월스트리트, 성조기, 메인 호 사건 조사보고서 등 사이에서 여전히 갈피를 잡지 못한 채 외줄을 타며 접시 (외교)를 돌리고 있다. 엉클 샘은 관중석에 앉아 대통령의 아찔한 곡예를 주의 깊게 관전하고 있다.

7. 호전적 애국주의의 열기

그림15 매킨리 대통령과 애국주의자(President Mckinley and the Jingo Bird)

영국의 《펀치》지는 당시 미국 안의 호전적인 분위기를 정확하게 간파했다. **그림15**에서는 매킨리 대통령이 애국주의(Jingoism)에 끌려가고 있다. 징고(jingo)란 전쟁이 곧 국가 정책의 도구이며, 위대한 국가 미국의 전쟁은 영광스런 것이 될 것이라는 선동적·호전적 애국주의자를 뜻한다.

쿠바·스페인전쟁에 미국의 개입을 촉구하는 4월 11일의 '대통령의 대 의회 메시지(President's Message)'는 사실상의 개전 촉구안이었다. 그 핵심적 내용은, '쿠바를 스페인으로부터 자유롭게 하고, 쿠바인들에 대한 야만적인 대우를 종식시키기 위해' 대 스페인 전쟁이 불가피하다는 것이었다.

"미 해군조사위원단의 보고에 입각하여, 메인 호는 외부의 폭발 즉 기뢰에 의한 것이라는 결론이 변하지 않을 것이다 (…) 평온을 찾는 유일한 희망은 쿠바에 강제적으로 평화를 실현하는 길 밖에 없다. 인류의 이름으로, 문명의 이름으로, 위협받고 있는 미국의 국익을 위해 쿠바의 (대 스페인)전쟁은 종식되어야 한다 (…) 미국 시민들뿐만 아니라, 쿠바 시민들의 안전을 보장할 수 있는 견고한 정부가 설립되도록, 필요하다면 미 육해군을 사용하는 조치를 취할 수 있는 권한을 대통령에게 위임하고 부여해 줄 것을 의회에 요청한다 (…) 이제 열쇠는 의회에 있다. 이것은 엄숙한 책무이다 (…)"

대통령의 대 의회 메시지 이후 미디어에서는 주전론자들의 선동이 훨씬 더 표면화했다. **그림16**을 보면 호전적인 애국주의자(Jingo)의 분노측정기(gage)가 있다. 측정기 제일 하단부터 평화(peace), 지연(delay), 외교(diplomacy), 분개(indignation), 전쟁(war) 순서로 총 다섯 단계가 표시되어 있다. 그런데 측정기의 눈금은 이미 네 번째 단계인 '분개'를 넘어 최고 단계인 '전쟁'에 근접해 있다. 그림 아래 다른 기사의 선동적인 헤드라인이 보인다. "모두가 하나같이 전쟁을 지지하고 있다(ALL THE CHANCES ARE IN FAVOR OF WAR)"

그림16
엉클 샘: 애국주의자로 말미암아 점점 더 열기가 고조되고 있다
(It is Getting Warmer, by Jingo)

8. 스페인을 쿠바에서 몰아내야…

1898년 4월 19일에 대통령의 대 스페인 선전포고안이 상원에서 42 대 35로, 하원에서는 311대 6으로 통과되었다. 선전포고안이 상하원에서 통과된 날 언론에서는 "주사위는 던져졌다", "스페인은 쿠바에서 떠나거나 싸우거나 해야"한다는 대형 헤드라인, 캡션, 관련 이미지 등이 등장했다.[43] 같은 날, 의회는 스페인에 사흘 안에 쿠바에서 철수하라고 요구했다. 이튿날 미 의회는 스페인군 철수와 쿠바의 독립을 보장하라는 최후통첩을 스페인에 보낸 동시에 전쟁에서 승리해도 쿠바를 병합하지 않겠다는 결의안을 채택했다.[44] 이 사실도 미디어에 즉각적으로 반영되었다.

스페인은 쿠바에서 "손을 떼라(Hands Off)!", "미국과 스페인 사이의 전쟁은 이제 기정사실", "최후통첩장은 사실상 선전포고", "스페인이 최후통첩장을 사실상 선전포고로 간주한다", "전쟁이다(WAR)" 등의 헤드라인과 이미지들이 당시 신문 1면을 도배했다.[45]

그림17에서 엉클 샘은 스페인인의 허리춤을 잡고 들어 올리고 있다. '자유 쿠바' 깃발이 휘날리는 쿠바에서 나가 본국의 마드리드로 돌아가라는 것이다. 그런데 허리춤이 잡혀 있으니 스페인인은 발끝으로 엉거주춤 걸을 수밖에 없다. 옛 스페인 해적들은 포로들에게 바지 허리춤을 부여잡고 발끝으로 뱃전의 판자 위를 걷게 만든 뒤 바닷물에 빠뜨려 죽이는 형벌을 가했다고 한다. 이 그림은 옛 스페인 해적들이 포로들에게 했던 잔인한 방식대로, 스페인인을 결국 카리브 해에 빠뜨린다는 설정인 셈이다. '스페인 식 걸음(Spanish Walk)'이란 이렇게 엉거주춤 걷게 만들어 결국 몰아낸다는 것을 의미한다.

▲ 그림17

스페인인의 바지와 허리춤을 들어 올려 엉거주춤 발끝으로 걷게
만들어 쫓아내기(Make Him Walk Spanish), 마드리드로(To Madrid)

그림18

(쿠바에서 스페인을 발로 걷어차는) 이 행위는 분명히 앞으로 벌어질 일이야
(This Performance Will Positively Take Place)

　미서전쟁에서 가장 주목받았던 곳은 쿠바였다. 쿠바의 인권, 자유를 위해 미국이 더 이상 이상주의적인 개입을 주저해서는 안 된다는 결의를 강조한 이미지는 셀 수 없이 많다. 그리고 전쟁 개입을 적극 지지하는 호전적 애국주의는 쿠바를 자유롭게 한다는 이상주의로 표현되는 경향이 있었다. 스페인이 쿠바의 독립을 허용하지 않을 것이라는 반응이 언론에 보도되며 이상주의를 명분으로 한 개입 논의는 한층 더 확산되곤 했다.[41]

　19세기 중엽의 남북전쟁 이래 미국의 쿠바에 대한 투자와 연간 교역량은 급증하였고, 쿠바에서 생산된 설탕의 83퍼센트는 산업화와 도

시화로 설탕 수요가 급증하고 있던 미국으로 수출되었다. 미서전쟁은 이 같은 쿠바와의 실질적 관계를 공식화한 과정이었다. 쿠바를 스페인으로부터 뺏는 것이 미국의 암묵적 전쟁 목적이었던 것이다.

9. 개전은 필리핀의 마닐라 만에서

미국의 북대서양 함대가 4월 22일에 쿠바 항을 봉쇄하고, 다음 날 매킨리 대통령은 12만 5천명의 지원병을 모집했다. 4월 25일에 매킨리 대통령이 스페인에 선전포고함으로써 '메인 호'가 폭발한 지 100일 만에 사실상 전쟁이 시작되었다. 미국은 스페인에 선전포고한 지 6일 뒤인 5월 1일에 공격을 개시했다.

그런데 조지 듀이(George Dewey)미 해군제독이 첫 공격을 개시한 곳은 쿠바가 아닌, 정반대 쪽 필리핀 마닐라 만의 스페인 함대였다. 대의회 메시지에서도 매킨리 대통령은 쿠바에서 스페인의 통치를 종식시켜야 한다는 점만 강조하였다. 그럼에도 쿠바를 자유롭게 한다는 대 스페인전쟁의 첫 전투가 필리핀에서 전개된 것이다. 필리핀 공격으로 개시한 미서전쟁의 첫 단추는 분명 이 전쟁의 본질이 무엇인가에 대한 문제를 제기한다.

미 해군은 5월 1일의 마닐라 만 공격에서 단 한 명의 사상자도 내지 않고 스페인군만 400여 명의 사상자를 낸, 압도적인 승리를 거두었다.[46] 첫 승리를 거둔 이 날, 어떤 미디어도 필리핀 마닐라 만에서 미 해군의 승리에 대해 전투가 벌어진 곳이 왜 쿠바가 아니었는지에

그림19 나가(SCAT)!

대한 문제를 제기하지 않았다. 미 해군도, 미 언론도 개전과 함께 대 (對) 스페인 전쟁을 쿠바 이상으로 확대할 의도임을 분명히 한 셈이다. 미 해군이 쿠바가 아닌, 필리핀 마닐라 만을 공격한 것은 무역로를 확장하고, 저탄기지, 전신선, 해군기지를 확대하려는 전략적인 차원에 서였다고 해석된다.

　그림19 5월 1일 《헤럴드》지는 "나가!"라는 짧고 강렬한 캡션과 함께 엉클 샘이 스페인을 '쿠바에서' 축출하는 이미지를 게재했다. "나가!"라는 단호한 캡션은 스페인을 추방하는 수많은 이미지에서 가장 빈번하게 등장하게 된다.

　미서전쟁이 '달빛 아래 피크닉', '소풍 같은 전쟁'으로 묘사될 만큼, 미군은 필리핀에서, 쿠바에서, 그리고 푸에르토리코와 괌에서 신속하게 승리했다. 마닐라 만에서 이룬 승리는 미국으로서는 미국적 '상식'과 인류 보편적 '인간애'라는 이상주의가 승리한, 영광의 전쟁이었다. 미서전쟁 이전부터 필리핀에서는 완전 독립을 주장하며 무력투쟁을 벌이는 혁명조식 카티푸난과 ㄱ 시노사 에밀리오 아기날노(Emilo Aguinaldo)가 스페인의 지배에 저항해왔다. 아기날도는 혁명과정에서 필리핀 독립을 선언하고 이듬해인 1897년에 혁명정부의 수반이 되었

그림20 새 영토에 말뚝을 박으며
(Staking A New Claim)

다. 미서전쟁이 발발하자, 아기날도는 필리핀의 독립을 지지한다는 미국을 도와 스페인을 공격했다.

그러나 갓 태어난 아시아 최초의 필리핀 공화국은 미서전쟁의 결과에 따라 그해 12월 10일 괌, 푸에르토리코와 더불어 미국에 양도되었다. 필리핀이 하루아침에 동맹국에서 침략자로 돌변한 미국과 전쟁을 치러야 했던 이유가 여기에 있다. 1899년부터 삼년동안 미서전쟁보다 훨씬 더 길게 미국 · 필리핀전쟁(Philippine-American War)이 전개되었다.

그림20에서 묘사된 바와 같이, 쿠바 · 스페인전쟁 개입을 목표했던 미서전쟁은 개전과 함께 순식간에 동아시아에서 중미에 이르는 세계적인 전쟁으로 확대되었다.

10. 뒤바뀐 신세

그림21 언제 맞은 지도 모를 정도로(Does not Know When He's Whipped)

그림21 "패배한 걸 인정하는 게 나을 텐데⋯⋯. 스페인 신사. 당신은 경기에서 이미 졌어(Better Throw Up the Sponge, Don. You're Done For)" 권투 링 바깥에서 (왼쪽부터) 일본, 프랑스, 독일, 이탈리아, 러시아, 중국이 웅성거리며 내놓은 말이다. 링의 스페인 코너(Spain's Corner)에서는 오스트리아 코치가 스페인 선수의 패배(defeat)를 인정하고 있다. 장신의 엉클 샘은 독자를 향해 뒤돌아보며 통쾌한 승리를 확

그림22 스페인의 어린 왕과 양키 피그(The Little King of Spain and the Yankee Pig)

신한 듯 여유로운 표정이다. 엉클 샘의 표정에는 스페인 선수가 언제 나한테 맞기나 했나 하는 여유까지 보인다. 영국의 존 불 심판은 엉클 샘의 승리가 기쁜 듯 흐뭇한 표정을 짓고 있다. 주저앉은 스페인인은 언제 맞은 지도 모를 정도로 정신이 없는 듯하다.

　그림22에서는 미서전쟁 이후 뒤바뀐 두 나라의 지위가 대비되어 있다. 스페인의 어린 왕에게 하찮게 여겨지던 양키 피그(Yankee Pig)였건만, 전쟁 이후에는 거구의 돼지로 변해 스페인 국왕을 제압하고 있다. 성조기를 걸친 양키 피그의 포효에 왕관까지 벗겨지고 만 스페인 국왕의 모습이 더욱 왜소해 보인다. 미국 언론이 묘사한 양키피그는, 스페

인에서 묘사되던 혐오스런 양키피그에 견주면 훨씬 귀엽고 친근한 이미지이다.

미군의 쿠바 점령은 5월 29일부터 7월 17일까지 '메인 호'가 폭발한 남쪽 아바나항의 반대편 북쪽 항구인 산티아고(Santiago)만 점령을 시작으로 이루어졌다. 여기에는 해군차관을 사임한 시어도어 루즈벨트(Theodore Roosevelt)대령의 의용 특공대(Rough Riders) 역할이 컸다. 미군의 일방직 승리가 지속되면서 미국 언론에 나타난 스페인 제국의 이미지는 그 명예가 크게 실추하다 못해 전쟁과 국내 혁명에 직면한 이중삼중고의 참담한 모습으로 묘사되었다.

미 해군이 필리핀을 차지하고 나자 언론들은 기다렸다는 듯이 또 다른 영토에 대한 주장을 내놓기 시작했다. 새 영토에 대한 주장은 이후 여러 언론에서 타사의 이미지를 중복 전재하며 반복 재생산되었다.[47] 아시아에서 '영광의 5월 1일'의 승리를 필두로 자유(Liberty)를 향한 미국적 이념이 쿠바와 푸에르토리코에서도 스페인 제국을 압도하게 되었다는 이미지 등이 그것이다.

II. 스페인 축출

그림23 스페인: 난 물러가오(I'm Off)

그림23에서 엉클 샘은 서반구(Western Hemisphere)라고 쓰인 긴 판자 끄트머리에 걸터앉아 있다. 스페인인은 강화안(Protocol)을 한 손에 들고 있으나, 이미 판자에서 떨어져 나간 상태이다. 미서전쟁기 미국 풍자화에는 이처럼 스페인 해적이 포로들을 다루었던 방식으로 스페인을 응징하는, 일종의 보복 심리를 반영한 이미지가 많다.

7월 말 캘리포니아의 언론들은 강화조건을 집중적으로 조명하기 시작했다.[48] 스페인과 관련한 풍자 이미지는 유독 캘리포니아 언론에 가장 많이 게재되었다. 캘리포니아가 본래 멕시코의 땅이었고, 미국 내

히스패닉계가 가장 많이 거주하여 스페인에 대한 관심이 가장 컸기 때문이 아닌가 한다.

8월 10일에 열린 평화협정안에 스페인이 동의함으로써 이틀 뒤인 8월 12일에 미 백악관에서 제 6항에 달하는 정전협정이 체결되었다.[49] 정전협정에 따르면, 스페인은 쿠바에 대한 모든 권리를 포기하며(1항), 푸에르토리코와 서인도 제도의 다른 스페인 섬들과 라드로네 제도(오늘날 마리아나 제도)의 섬은 미국이 선택히여 양도받게 되었다(2항). 미국은 마닐라 만을 점령하고 필리핀 제도의 정치, 통제권, 처분권을 보유하게 되었다(3항).[50] 스페인은 미국 강화위원회(US Peace Commission)의 강요에 따라 쿠바, 필리핀, 푸에르토리코를 미국에게 넘기고, 라틴아메리카 쪽이 아닌 대서양 건너편 아프리카 대륙에 오히려 가까운 카나리 군도(Canary Islands)를 차지하는 데 만족해야 했다. 미 언론들은 가혹한 조건의 강화조약이 스페인에 강압적으로 체결된 과정을 다룬 다양한 풍자 이미지를 앞 다투어 게재했다.[51]

그림24에서 엉클 샘은 스페인을 지구 밖으로(Get off the Earth) 추방하는 것이 1899년 복된 새해의 과제라는 듯(A Good New Year's Riddance) 스페인을 걷어차고 있다. 제국의 명예가 크게 실추한 채 전쟁과 국내 혁명이라는 진퇴양난에 시달린 스페인은 1898년 6월 초부터 미국과 '강화를 고려'했다. 스페인의 카리브 함대는 엘 카네(El Caney) 전투와 산티아고 항 외곽에서 패배한 뒤 7월 1일에 항복했다.

A GOOD NEW YEAR'S RIDDANCE.

▲ 그림24

12. 필리핀 양도의 댓가

▲ 그림25

2억 4천만 달러라니 어처구
니가 없군 ― 한 푼도 못 줘
(Two Hundreds and Forty Million
Fiddlesticks ― Pay Him Nothing)!

▲ 그림26

엉클 샘 : 좋아, 어디 배
상금에 대해 얘기해볼까
저 '메인 호'를 보며(Yes, Speaking
of Indemnity, How about That)?

그림25 협상 초기, 4천만 달러를 제안하려던 미국에게 스페인은 필
리핀 양도의 대가로 2억 4천만 달러를 요구했다. 그러자, 미국 언론들
은 앞 다투어 그 1/12인 2천만 달러가 적절하다는 이미지를 지속적으
로 게재하며 스페인을 압박했다. **그림26**에서 엉클 샘은 침몰하는 '메
인 호'를 가리키며 스페인을 압박하는 분위기이다. 11월 중순경 스페
인은 필리핀 양도의 대가로 2천만 달러를 받고 말 것인가 아니면 다시
전쟁을 개시할 것인가를 고심한 듯하다.[52]

그림27
악행에 비하면 후한 지불
(Good Pay for a Bad Job)

그림28
패자가 퇴장료까지 다 챙겨가는군
(But the Loser Gets All the Gate Money)

그림27에서도 "'메인 호'를 폭파시킨 사람들이니 더 싸게 지불해도 돼(It might have been cheaper to pension the men that blew up the Maine)" 라며 2천만 달러도 많다는 표정의 냉정한 매킨리 대통령의 옆얼굴이 보인다. 이 그림처럼, '메인 호'를 폭파한 스페인의 악행을 생각하면 2천만 달러도 아깝다는 뉘앙스의 유사 이미지들은 무수히 많다.[53]

그림28에서 스페인인은 2천만 달러를 챙겨가는 모습이지만, 커다란 권투 글러브를 낀 미국(U.S.)의 가격(加擊)에 허둥지둥 쫓겨나는 모습이다. 미국은 스페인이 패배자이면서도 챙길 것은 다 챙겨간다고 빈정거리고 있다. 미국은 필리핀 양도의 대가로 2천만 달러를 지불하고 스페인을 태평양에서도 축출했다.[54] 미국은 필리핀의 양도 대가로 2천만 달러를 제공하는 최후통첩장을 스페인에 보냈으며(11.21), 스페인위원회는 필리핀에 대한 미국의 제안을 수용했다(11.28).

13. 필리핀문제

OWING SOURCE OF TROUBLE TO YOUR UNCLE SAM. — Pittsburg Dispatch

그림29 엉클 샘에게 점점 더 커지는 고민거리
(Growing Source of Trouble to Your Uncle Sam)

　필리핀을 양도받은 후에는 다루기 어려운 문제들이 야기될지 모른다는 우려가 현실화되고 있었다. 미국 해군이 마닐라 만을 침공하고 석 달 뒤인 8월 중순에 지상군이 필리핀에 상륙했다. 필리핀인들은 처음에는 미국을 해방자로 인식했지만, 곧 아기날도를 중심으로 저항하기 시작했다. **그림29**처럼 미국 지배에 저항하는 필리핀이 엉클 샘에게는 골칫거리 고슴도치로 비쳤다. 심지어 필리핀은 뚜껑이 열리는 판도라의 상자로 묘사되기도 했다.[55]

풍자 이미지를 통해 볼 때, 1898년 말 미국은 필리핀 점령에 많은 어려움이 따를 수 있다고 각오했던 듯하다. 팽창의 결과로 필리핀에서 발생할 지도 모르는 일들을 예상하는 이미지와 필리핀을 과격하게 다루는 엉클 샘의 이미지 등 필리핀 관련 이미지들이 크게 증가했다.[56] 더욱이 12월 10일 체결된 파리 강화조약의 미 의회 승인을 계기로 미국의 해외 영토 획득에 대해 반대하는 여론이 서서히 등장하였다.[57]

1898년 말 미국 정가(政街)에서는 필리핀 병합 문제를 둘러싸고 찬반양론이 팽팽하게 맞섰다. 병합 찬성론자는 "필리핀인은 '퇴락한 인종'이지만 우수한 문명을 향해 나아갈 수 있도록 방향을 잡아주어야 하는 것이 미국의 사명"임을 강조했다. 이와 달리, 반대론자의 주장은 "필리핀인들은 외부인이 처리하기 곤란한 불쾌한 자질이 넘친다. 인디언처럼 야만적이고, 라틴인처럼 비실용적이고, 아시아인처럼 무디다"며 병합은 부질없는 짓이라는 것이었다. 두 주장은 다르면서도 인종적 편견을 바탕으로 하고 있다는 공통점이 있다. 노선은 다르지만 필리핀을 바라보는 관점은 하나였던 셈이다.

백인이 미개한 세계의 야만적인 원주민에게 유럽 문명을 전파해야 한다는 사명감을 서구인들에게 가장 강력하게 각인시킨 인물은 영국 작가 키플링(Joseph Rudyard Kipling)이다. 1899년 2월에 키플링은 "백인의 짐을 짊어지라(Take up the White Man's burden)"고 시작되는 7연시를 〈미국과 필리핀 제도〉라는 부제를 달아 미국의 《맥클루어 매거진 McClure's Magazine》에 발표했다.[58] 제목과 부제 때문에, 그리고 미국·필리핀전쟁이 시작된 지 며칠 되지 않았던 상황에서 발표되었기 때문에 이 시는 지극히 유럽 중심의 인종주의로 읽힌다. 당시 미서전쟁에서 승리한 미국이 필리핀을 발전시킬 백인의 책무를 져야 한다는 내용인 것이다. 서양문명이 이룩한 고도의 성취동기를 고취하면서 동시에 비백인에 대한 앵글로색슨 백인의 인종적 우월감을 조장한 시였다. 머지않아 대통령이 될 시어도어 루즈벨트는 이 시를 친구인 로지 상원의원에게 주면서, '시는 형편없지만, 팽창의 관점에서는 훌륭한 시'라고 치켜세웠다.

영국 작가 가운데 최초로 1907년에 노벨문학상을 받은 키플링은 《킴 Kim》,《정글북 Jungle Book》 등을 지어 오늘날에도 여전히 사랑 받는 동화작가이지만, 죽을 때까지 영국의 제국주의 시인으로 비난받기도 했다. 사회진화론과 제국주의가 결합한 이 시의 내용을 일부 소개해본다.

백인의 책무를 짊어지라
너희가 키운 가장 훌륭한 아이들을 보내라
………
무거운 장비를 둘러 멘 채
어쩔 줄 모르는 미개인들,
새로 붙잡아 들인 음침한 종족들,
반은 악마요, 반은 어린애인 자들을
시중들게 만들어라.

14. 스페인의 곤궁한 처지

그림30 (좌)
빵 반쪽이라도 전혀 없는 것 보다는 낫지(Half a Loaf is Better Than No Bread)

그림31 (우)
스페인: 어쨌든, 난 카나리아는 건졌으니까(Well, Anyway, I Saved the Canaries)

그림30에 따르면, 스페인은 미국 강화위원회(US Peace Commission)
의 강요에 따라 쿠바, 필리핀, 푸에르토리코를 미국에게 넘겼다. 그림
왼쪽에 쿠바, 필리핀, 푸에르토리코 빵이 쌓여 있다. **그림31**처럼 스
페인은 라틴아메리카 쪽이 아닌 대서양 건너편 아프리카 대륙에 가까
운 카나리 군도(Canary Islands)를 차지하는 데 만족해야 했다. 새장 속
의 카나리아 새는 발음이 비슷한 카나리 군도를 상징한다. '빵 반쪽이
라도 확보하는 것이 전혀 없는 것 보다는 낫다'는 **그림30**의 캡션이 스
페인의 곤궁한 처지를 대변하고 있다.

15. 선택의 여지가 없는 스페인

그림32 문은 활짝 열려 있으니…(The Open Door)

그림32에서 보는 것처럼 이제 스페인은 자국령 식민지(Spanish Colonial Possession)에서 나가는 길 밖에 없다. 엉클 샘은 스페인령 식민지 관할권을 의미하는 듯한 열쇠꾸러미를 쥔 채, 문 앞에서 스페인의 퇴장을 유도하고 있다. 엉클 샘의 포즈에서 나타나듯이, 스페인이 서둘러 나가야 할 문은 활짝 열려 있다.

그림33 강화회의에 대한 스페인측 견해
(Spanish View of the Peace Conference)

웨이터 매킨리(Waiter McKinley): 달걀 프라이! 달걀 프라이! 달걀 프라이 드시오
(Fried eggs! fried eggs! fried eggs)!
사가스타(Sagasta): 저, 메뉴에 달걀 프라이 밖에 없는데, 다른 걸 선택할 순 없나요
(But, my dear sir, when there is nothing but fried eggs on the menu, what choice have I)?
웨이터(Waiter): 글쎄요, 달걀 프라이를 선택하시던가 아님 주문을 하지 마시던가
(Well, sir, you have the choice of eating fried eggs or refusing them)

　그림33은 미국 《데일리 퍼블릭 레저》지가 스페인 《바르셀로나 코믹》지에서 전재한 것으로 강화 회의에서 선택의 여지가 없이 곤경에 처한 스페인의 상황이 잘 드러나 있다. 웨이터로 분한 매킨리 대통령은 친절하게 서빙을 하고 있지만, 스페인 총리 사가스타(Práxedes Mateo Sagasta, 1825~1903)를 대하는 말에 가시가 있고 표정은 오만하기 이를 데 없다. 이와 달리, 스페인 총리는 강화 회의 테이블에 손님으로 앉았으나 메뉴 선택의 자유가 없어 난처한 모습이다.

16. 스페인 제국이 잃은 것

그림34

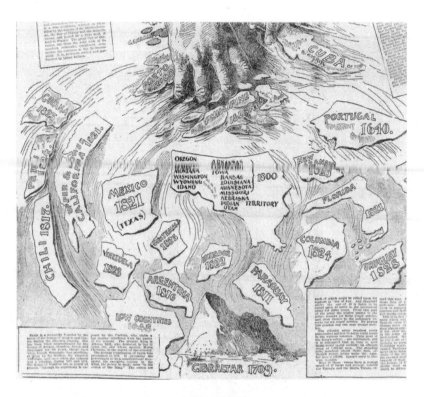

그림34 확대
1640년 이래 스페인 제국이 잃은 영토
(What Spain has lost countries that have slipped from the crown since 1640)

포르투갈(1640)/저지대 국가들(Low Countries, 1648)/지브롤터
(1709)/오레곤, 다코타, 워싱턴, 아이다호, 알칸사스, 콜로라도, 와
이오밍, 필리핀 군도(1800)/파라과이(1811)/아르헨티나(1816)/칠레
(1817)/텍사스, 멕시코, 캘리포니아(1821)/칠레, 플로리다(1821)/에
콰도르(1822)/기아나(1823)/과테말라(1823)/베네주엘라(1823)/페
루(1824)/뉴 그라나다(1825)/볼리비아(1825)/우루과이(1828)

그림35
그리고 그는 타고 왔던 그 배로 다시 돌아간다
(And He Returns in the Same Ship, Which He Came)

　그림35의 스페인인은 뱃머리에 '1492', '중세의 정신(Medievalism)'
이라 적힌 배를 타고 아메리카 대륙에 도착한 바 있다. 1898년에 스
페인인은 자신이 타고 왔던 배를 타고 풀 죽은 모습을 한 채 서반구
(Western Hemisphere)를 완전히 떠나고 있다. 이제 남북 아메리카를 포
함한 서반구의 주인은 미국이다. 그림에 나타난 엉클 샘의 도도하고
자신만만한 자세를 보라. 스페인으로부터 빼앗은 식민지를 토대로 20
세기를 열게 될 미 제국의 모습이다.

제9장 20세기 '미국의 세기'를 열다

▲ 엉클 샘이 유럽의 발등을 밟고 서 있다(Uncle Sam is Trading on the Toes of Europe)

미국이 스페인의 발등을 밟고 서자, 다른 유럽 국가들도 모두 발이 아픈 듯하다. 스페인의 패배는 곧 19세기 유럽 우위의 시대가 저물고 있음을 의미한다.[59]

1898년은 무엇보다노 '20세기를 미국의 세기로' 열게 한 해였다. 스페인과 벌인 전쟁에서 승리한 미국은 카리브 해와 태평양 아시아에서 새 영토를 추가하며 초강대국으로 부상하기 시작했다. 당시 신문 잡지 등 미디어의 정치풍자화는 제국의 부침과 미국의 급부상이 세계사적으로 얼마나 중요한 사건인지를 정확하게 포착해냈다. 그 점에서 1898년은 이미지 전쟁의 해이기도 했다.

미국 미디어에서는 정치풍자화가 이른바 애국주의적인 '황색언론'의 발행 부수를 늘리는 가장 확실한 도구였다. 선동적이고 호전적인 미디어가 매킨리 행정부로 하여금 쿠바·스페인문제에 개입하도록 압력을 행사하였고, 마침내 스페인과의 전단(戰端)을 여는 데 결정적 구실을 했다. 카리브 해의 푸에르토리코, 태평양의 괌, 그리고 동아시아의 관문인 필리핀 등 중요한 새 영토가 미국령이 되었다. 설탕과 담배 원료의 공급지였던 쿠바는 미국 '바로 문 앞의' 보호령이 되었다. 이 과정에서 미국의 미디어는 스페인으로부터 필리핀, 쿠바, 푸에르토리코 등을 넘겨받아야 한다는 풍자 이미지를 지속적으로 게재했다.

미디어에서 반복 재생산된 풍자 이미지와 애국주의적 구호 등 선정적인 보도의 여파는 정부의 정책에 영향력을 행사했다. 1898년에 명실상부한 제국이 됨으로써 해외 식민지와의 관계는 미국인들에게 세계에 대한 자국의 인식에도 변화를 가져왔다. 해외 식민지와의 관계 속에서 미국의 의식을 이해해야 오늘날 미국 국민의 정체성(national identity)이 어떻게 형성되고 변화했는지를 가늠할 수 있다.

I. 새 강자의 '먼로 독트린'

▲ **그림1** 새 강자(The New Strong Man)

그림2 ▶

엉클 샘의 새 식민지 인구는
미 본토의 7배에 달하지만, 미
식민지 영토는 다 합쳐도 텍
사스보다 작을 것이다(Uncle
Sam is Only Seven Times as Big in
Population as His New Colonies,
but All of Them Together Would
Occupy Less Space Than Texas)

Uncle Sam Is Only Seven Times as Big in Population as His New Colonies, but All of Them To gather Would Occupy Less Space than Texas

그림1 신생제국 미국을 바라보는 유럽 열강의 모습이 우스꽝스럽게 풍자되었다. 모두들 '새 강자(The New Strong Man)'의 강건한 다리와 팔을 만져보느라 여념이 없다. 영국과 독일은 거구의 미 해병을 올려다보며 팔뚝과 근육을 감탄하듯 만져보고, 러시아와 프랑스는 미 해병의 허벅지를 만져 본다.

그림2 새 식민지의 인구는 미 본토 인구의 7배에 달하지만, 새 식민지 영토를 다 합쳐도 텍사스 주보다도 작겠다는 설명이 달려 있다. 제국의 탐욕은 끝이 없는 것인가. 장신의 엉클 샘이 미국 지도에서 남부 텍사스 주를 가리키고 있다. 작게 표현된 인물은 아마도 식민지 사람인 듯하다. 제국의 오만함이 잔뜩 묻어난다.

그림3 먼로 독트린(Monroe Doctrine)

'먼로 독트린'이란 1823 년에 제임스 민로(James Monroe) 대통령이 퇴임하며 의회에서 연설한 내용을 바탕으로 한다. 고립주의(Isolationism), 비식민주의(Non-Colonization), 불간섭주의(Non-Interventionism)가 앞으로 미국이 나가야 할 방향임을 제시했다. 먼로 독트린은 오늘날까지도 미국 외교의 중대한 축을 형성하고 있다.

먼로 독트린은 기본적으로 아메리카 대륙(American Continents), 다시 말해 북미뿐만 아니라 중남미를 포함한 아메리카 대륙 전체에 대한 유럽으로부터 '고립', '불간섭 또는 불개입', 그리고 아메리카 대륙에 대한 비식민의 원칙을 천명한 것이었다. 여기서 아메리카 대륙이 단수가 아닌 북미 중미 남미를 모두 포함한 복수로서의 아메리카 대륙(Continents)임을 주목하라. 미국은 앞으로 유럽 대륙 문제에 개입하지 않을 테니 유럽도 아메리카 대륙에 개입하지 말라는 의미였다.

미서전쟁 이후 엉클 샘의 영토는 '먼로 독트린'에서 규정한 아메리카 대륙 전체를 포괄하는 것이다. 아르헨티나에서 나온 이 풍자 이미지는 '먼로 독트린'이라는 미명 아래 쿠바, 푸에르토리코 등 중미를 차지한 미국 외교에 대한 통렬한 비판이다.

2. 강한 자(者)만이 살아남는다

그림4 적자생존(The Survival of the Fittest)

　새 강자로 떠오른 미국이 '19세기 계몽(Nineteenth Century Enlightenment)'을 상징하는 칼로 '스페인의 야만적인 반달리즘(Spanish Vandalism)'을 심판하려 한다. 사회진화론에 따르면, 구 스페인 제국은 미국과의 전쟁에서 패한 약자로서 적자생존의 세계에서 더 이상 살아남을 수 없다. 두 남자가 스페인 기사를 억지로 끌고 온다. '19세기 계몽'의 칼을 든 엉클 샘 앞으로. 스페인 기사 앞에는 그의 '중세 정신의 칼'이 부러져 있다. 이 장면을 말리려고 프랑스(France) 구급상자를 든 이가 급하게 달려오고 있다. 스페인과 프랑스의 동맹을 미국은 강력하게 반대한 바 있다. 엉클 샘의 뒤편에는 영국인과 일본 군인이 버티고 서 있다. 두 사람이 미국편에 서 있는 1898년의 국제관계의 단면이 잘 드러나 있다.

3. 제국 왕관을 쓴 엉클 샘

그림5 새 모자를 써보며(Trying on a New Hat)

그림5 6월 초 미국 언론에서 엉클 샘의 야심(Ambition)이 이제 무력(총칼)은 내려놓고, 제국(Empire)의 새 왕관을 쓰는 일만 남은 모습으로 나타났다.

그림6 엉클 샘은 전 세계 곳곳에 성조기를 꽂으며 대단히 만족해하는 표정이다.

미국의 많은 언론들은 전쟁이 새 국면으로 접어들 때마다 새로운 영토를 확장하라는 선동적인 여론을 주도했다. 필리핀을 차지하고 나자 언론들은 필리핀에 이어 하와이 병합을 확실히 하라는 압력을 넣었고, 이후에는 **그림7**처럼 니카라과 운하(Nicaragua Canal)를 확보하라며 카리브 해 진출을 선동했다. 라드로네 군도가 미 독립기념일에 미국 영토가 되었으며, 그 다음은 푸에르토리코가 곧 함락될 것이라는 이미지도 등장했다.[60]

UNCLE SAM: "By gum, I rather like your looks."
—The Rocky Mountain News, Den

그림6 엉클 샘: 오, 정말 보기 좋군(By Gum, I Rather Like Your Looks)

IS THIS THE NEXT MOVE

NICARAGUA CANAL.

—New York Herald

그림7 다음은 여기가 될까(Is This the Next Move)

4. 하와이에 성조기를!

그림8 더 깊이 확실하게 꽂으시오, 대통령(Plant It Deep, Mr. President)!

6월에 들어서며 미국 언론에서는 하와이를 미국이 병합해야 한다는 여론이 부쩍 증가했다.[61] 미서전쟁과 관련이 없는 하와이의 병합을 당연시한 것이다. 하와이 병합이 확실시되면서 엉클 샘이 하와이를 포함한 세계 곳곳에 성조기를 꽂는 이미지가 등장했다. 1820년대부터 하와이에 플랜테이션 농장주 자격으로 이주했던 미국인들은 1893년에 하와이 왕국을 전복시킨 바 있다.

5. 하와이와 쿠바

그림9 상원의 샴 쌍둥이(The Senate's Simese Twins)

　미서전쟁 이전부터 미국의 인식 속에 하와이와 쿠바는 하나의 문제였다. 매킨리 대통령 자신도 쿠바와 하와이를 하나의 문제로 인식하고 있있다. 몸통이 붙은 채 태어난 쿠바와 하와이가 어떻게 분리될 수 있겠는가. "상원은 매킨리에게 하와이와 쿠바를 다 가지거나, 모두 포기하거나 둘 중 하나의 선택을 강요하는가(That Body Would Force Mr. McKinley to Take Both or Neither)"라며 사실상 둘 다 병합하라는 압력을 매킨리 대통령에게 넣고 있다.

그림10 19세기 복장의 엉클 샘이 하와이와 쿠바 여자아이의 손을 잡아 주려하고 있다. 달려오고 있는 쿠바 여자아이보다 하와이 여자아이가 엉클 샘에 더 가까이에 있는 모습을 눈여겨 볼 필요가 있다.

그림10

그림11

그림11 일본이 바라본 미서전쟁 이전 미국의 쿠바 야욕이 표현되어 있다. 일본 언론은 미국의 매킨리 대통령을 돼지로, 스페인은 고양이로, 쿠바는 작은 쥐로 묘사했다. 일본은 뒤편 해 뜨는 곳에서 마치 망원경으로 들여다보며 상황을 흥미로운 표정으로 지켜보고 있다.

6. 미국·스페인 강화 이후 쿠바

그림12 강화 이후에는(PEACE, AND AFTER)?

스페인인이 엉클 샘에게: 당신이 쿠바를 원했지요. 이제 데려가도 좋습니다. 쿠바와 잘해보시오(Well, You Wanted Him! You've Got Him, And I Wish You Joy of Him)!

그림12 엉클 샘이 스페인인에게서 쿠바인을 떼어내어 억지로 끌고 가고 있다. 울면서 끌려가는 쿠바를 바라보고 있는 스페인은 무력할 뿐이다. 오른손은 붕대를 감았고, 왼손엔 시가를 들고 있다. 신발도 제대로 신지 못한 채 엉클 샘에게 끌려가고 있는 쿠바인의 신발 한 짝이 덩그러니 벗겨져 있다. 엉클 샘의 표정이 무척 냉혹해 보인다. 스페인인이 엉클 샘보다 다소 키가 작긴 하지만 차림새도 비루하지 않고 미국 언론의 풍자화만큼 엉클 샘과 차별화된 모습이 아니다. 스페인인은 시가까지 들고 있지 않은가. 영국 《펀치》지의 중도적인 시각이 돋보이는 이미지이다.

그림13 쿠바의 문명화(The Civilization of Cuba)

　그림13 쿠바의 아바나(Havana) 항구로 미국 상품들이 물밀 듯이 들어가고 있다. 미국인들은 '탄약통(shells)', '맥주(beer)', '주점에 필요한 물품 일체(bar outfit)'를 들고 들어간다. 그런가 하면 카드 그림이 그려진 대형 배너를 든 남자도 아바나 항으로 입국하고 있다. 이 그림을 통해 보면 쿠바를 식민화하면서 미국의 술, 도박, 권투, 총기 등이 가

장 먼저 유입된 것으로 추정된다. 기반산업 시설과는 무관하게 미국의 저급 문화가 우선적으로 쿠바를 잠식해 들어간 것이다. 그림 맨 마지막의 미국인은 시가를 문 채 '2류 권투선수(Knocked out pugilist)'라 쓰인 가방을 들고 있다. 원주민이 잎담배를 피우는 것을 목격한 콜럼버스 일행을 통해 유럽에 알려진 쿠바 잎담배는 스페인에 막대한 이득을 가져다주었다. 쿠바는 담배를 헐값으로 공급하고 생산하는 기지로 전락했던 것이다. 쿠바는 지금도 세계 최고급 시가와 잎담배 생산국이다.

미서전쟁 이후 형식적인 독립 아래 미국의 보호령이자 실질적인 미국 식민지였던 쿠바는 1959년 카스트로 혁명 이후 이민 문제 등으로 끊임없이 미국과 갈등을 빚어 왔다. 미국은 1961년부터 쿠바와의 국교를 단절했으며 1992년 이후에는 쿠바에 경제제재를 시도하였다. 그러다 2015년 8월 15일에 쿠바의 수도 아바나에 있는 미국 대사관에 성조기가 걸렸다. 쿠바 사회주의 혁명 이후 1961년부터 2015년까지의 '냉전 반세기'가 청산된 순간이었다. 버락 오바마 대통령이 2016년 3월 20일 미국 대통령으로서 88년 만에 쿠바를 방문했다. 쿠바와 미국이 단교한 지 54년 만에 재수교함으로써 공산주의로 말미암은 냉전의 거의 마지막 빗장이 걷혔다. 더욱이 2016년 11월 25일 쿠바 공산혁명 지도자 피델 카스트로가 90세를 일기로 타계했다. 이제 냉전의 잔재는 오로지 한반도에만 남아 있는 셈이다.

7. 푸에르토리코, 포르토리코

그림14 이 성조기 문양 옷들을 입어볼래(Will Wear the Stars and Stripes)?

푸에르토리코는 미국 언론에서 포르토리코(Porto Rico)로 불린다. 푸에르토리코(Puerto Rico)가 발음하기 어렵다는 이유였다. **그림14**에서는 엉클 샘이 푸에르토리코에게 성조기 문양의 옷들을 입어보라고 권하고 있다. 푸에르토리코 아이는 미국색이 강한 옷임에도 큰 관심을 가지는 표정이다. 푸에르토리코란, '부유한 항구'라는 뜻이다.

1898년 5월 12일 푸에르토리코의 수도 산 후안(San Juan)을 폭파한 미군은 7월 25일에 푸에르토리코에 상륙했다. 그리고 미군은 불과 석 달도 안 된 10월 18일에 푸에르토리코를 공식적으로 병합했다.

그림15 (좌) 순전히 피치자들의 동의에 입각한 경우
(Purely a Case of Consent of the Governed)

그림16 (우) 누가 이 저항하는 두 말썽꾸러기들과의 평화를 말했나
(Who Said Peace with These Two Kickers)?

　1898년 미국 언론에 등장한 푸에르토리코에 대한 고정화된 이미지
는 **그림15**처럼 엉클 샘의 품에 안겨 행복해하는 천진난만한 어린아이
의 모습이다. 성조기를 든 아이의 표정이나 노인 엉클 샘의 얼굴 모두
만족스러운 듯하다.

　그림16에서 볼 수 있듯이, 쿠바와 필리핀 두 아이 등쌀에 엉클 샘
의 얼굴은 편치 않아 보이지만, 푸에르토리코 어린이는 안아주지 않
아도 혼자 방긋방긋 웃으며 잘 놀고 있다. 미국과 푸에르토리코의 관
계는 이처럼 특이해 보인다. 정치풍자화에 등장하는 푸에르토리코 어
린이는 늘 엉클 샘과 한편에 서 있다. 심지어는 푸에르토리코로 묘사
되는 어린이는, 쿠바와 다른 식민지를 상징하는 어린이들의 표정과

그림17 포르토리코는 침략자들을 받아들인다
(Now Porto Rico Receives the Invaders)

는 달리, 미국 편에 서서 웃고 있거나, 미국의 정책에 관심이 있는 모습의 이미지가 많다.[62] 미국 언론에 나타난 푸에르토리코의 모습이 일관되게 밝은 이유는 뭘까. 거기에는 이 나라가 미국의 침공에 거의 저항하지 않았던 사실과 관계가 있다. 그리하여 오랫동안 푸에르토리코의 민족주의자들과 지식인들의 집단 양심을 괴롭히게 되었지만,[63] **그림16**의 캡션처럼, 미국의 병합은 '순전히 (푸에르토리코) 피치자의 동의에 입각한(Purely a case of consent of the governed)'[64] 선택이었던 듯하다. **그림17**처럼 푸에르토리코 사람들이 그렇게 침략자인 미국을 반갑게 맞이하였던 것은 아니지만, 그 지배를 순순히 받아들였던 것은 사실이다. 미국의 자치령인 푸에르토리코는 재정 고갈로 2015년 7월 31일에 '디폴트(채무불능)' 상태임을 선언했다. 국가가 아닌 미국의 자치령이기 때문에 푸에르토리코는 국제통화기금(IMF)의 구제 금융을 받을 수도 없는 상황이다. 채무 이행 불능 상태를 선언했지만, 미 재무부는 연방정부 차원에서 푸에르토리코에 구제 금융을 제공할 계획은 없다고 밝히고 있다. 경제난과 대량 실업에 직면한 푸에르토리코 사람들은 미국 본토로 탈출 러시를 이어가고 있다.

8. 전리품을 잔뜩 챙긴 엉클 샘

그림18 잔뜩 챙기고 떠나는 미국(Retirarse Con las Ganancias)

그림18 아르헨티나 매체에 실린 엉클 샘의 모습이다. 라틴계 남성으로 묘사된 점이 흥미롭다. 엉클 샘이 쿠바, 푸에르토리코, 필리핀을 차지한 뒤, 만면에 미소를 띤 채 바삐 가고 있다.

그림19 형제 독수리의 혼잣말(Soliloquy of Br'er Eagle)

자, 이제 거의 다 끝났다. 그런데 저 새는 지난 2월 이래 놀라울
정도로 털갈이를 많이 한 것 같군(Well, Now That It Is All Over, It
Appears to Me That That Bird Has Moulted Wonderfully Since Last February)

그림19 멀리 뒤편에 침몰하는 배가 보인다. 성조기 모자와 옷을 입
고 사람 모습을 한 미국 독수리는 입에 시가를 문 채 위풍당당한 모습
이다. 시가에서 뿜어져 나오는 거대한 U.S. (　) 모양의 담배 연기가
미 제국의 위용을 과시하는 듯하다. 상처투성이의 스페인 형제 독수
리는 털갈이를 심하게 많이 해서 몸의 털이 별로 남아 있지 않다. 빠
진 깃털에는 스페인 식민지의 이름이 하나하나 새겨져 있다. 푸에르
토리코, 라드로네 제도, 쿠바, 필리핀이다. 미국 독수리의 머리 위로
평화를 상징하는 새가 나뭇가지를 물어다주고 있다.

9. 엉클 샘과 미 제국의 새 브라스밴드

UNCLE SAM, CHIEF MUSICIAN, TRAINING THE NEW MEMBERS OF HIS BAND

그림20 밴드 마스터 엉클 샘─자신의 새 밴드를 연습시키다
(Uncle Sam, Chief Musician, Training the Member of His Band)

　　그림20 엉클 샘이 밴드마스터로서 각 식민지들로 브라스 밴드를 구성했다. 엉클 샘의 악보 받침대에 성조기가 걸려 있다. 새가 물고 있는 악보에는 미국 국가(國歌)가 적혀 있으리라. 앞줄부터 필리핀, 쿠바, 하와이, 푸에르토리코, 그리고 라드로네 제도와 카나리 제도 등 식민지 멤버들의 모습이 보인다. 스페인이 백기를 든 8월 10일 이후, 엉클 샘은 이제 쿠바, 푸에르토리코, 필리핀, 그리고 하와이를 거느린 명실상부한 제국이 되었다. 엉클 샘의 위풍당당한 모습과, 늙고 초췌하고 남루한 행색의 식민지 단원들의 모습이 대조적이다. 카나리 제도는 스페인이 차지하게 된다.

A MERRY CHRISTMAS TO ALL.

그림21 모두 즐거운 크리스마스를(A Merry Christmas to All)

그림21 나이 든 엉클 샘이 산타 복장을 하고 필리핀, 쿠바, 하와이, 푸에르토리코 어린이와 함께 성탄절 인사를 전하고 있다. "1898년의 성탄절을 여러분과 함께!" 식민지 아이들 가운데 푸에르토리코와 쿠바 어린이는 "ABC"를 배우는 데 열심이다. 식민지를 미숙하고 천진난만한 철부지 아이로, 그것도 피부색이 짙은 유색인으로 묘사하는 것은 제국주의 식민화를 정당화하는 데 동원하는 흔한 표현방식이었다. 이와 달리, 엉클 샘은 식민지 어린이와는 비교도 되지 않을 정도로 성숙한 어른, 자비로운 부모나 교사, 또는 온정주의적인 보호자로 묘사되었다. 이 그림에서는 산타의 이미지다.

10. 제국의 탄생과 성장

그림22 성찬 뒤의 화려한 후식(A Valuable Addition to the Repast)

자메이카산 생강(Jamaica Ginger):
엉클 샘, 풋과일들 다 드신 다음에는 저를 드시고 싶을 거에요
(Uncle Sam, I thought you would be likely to want me after absorbing all green fruit)

그림22 엉클 샘의 풍성한 식탁을 보자. 테이블 뒤쪽으로 "팽창 식당(The Expansion Restaurant)에서 열대 과일을 특별 제공한다(Tropical Fruits A Specialty). 단, 모자와 우산 등의 분실에는 책임질 수 없다"고 쓰여 있다. 테이블 옆으로 엉클 샘의 우산과 성조기 문양 중절모가 걸

려 있다. 마닐라 코코넛, 필리핀군도 멜론, 푸에르토리코 수박, 하와이군도 망고, 쿠바 바나나, 라드로네(Ladrone)사과, 그리고 그 밖의 아주 작은 식민지 과일들(smallest)이 가득 놓여 있다. 엉클 샘은 푸에르토리코 수박을 한 입 먹을 기세이다. 스푼과 코르크 마개를 들고 우뚝 서있는 자메이카산 생강 병은 의인화되어 있다. 즉 엉클 샘에게 식탁의 다른 풋과일들을 모두 먹은 뒤에, 자신을 맛보게 될 거라며 정중하게 권하는 모습이다. 스푼을 들고 있는 것으로 보아 이 생강 병에는 생강즙이 들어 있을 것이다. 자메이카는 생강의 본 고장인 동시에 세계 최고의 생강 수출국이다. 1962년까지 영국 식민지였던 자메이카는 현재도 영 연방에 속해 있다. 중앙아메리카로 팽창하는 미국을 경계하는 영국 측의 계산일까.

그림23 엉클 샘이 식탁에서 칠면조 요리를 잘라 나누어 주고 있다. 엉클 샘은 하와이 어린이에게 먼저 이 고기를 권하고 있다. 이 그림에서 하와이 어린이는 유독 피부색이 짙은데다 별 머리 모양을 하여 다른 식민지와 다르게 묘사되었다. 엉클 샘 바로 옆자리부터 필리핀군도, 쿠바, 하와이, 푸에르토리코, 괌(라드로네 제도, Ladrone group)어린이들이 식탁 자리에 함께 했다. 미서전쟁의 승리로 스페인으로부터 영토를 빼앗거나 사들인 것을 기념하며 매킨리 대통령은 추수감사절 선언(Thanksgiving Proclamation)을 발표했다. 식탁보와 테이블 주변의 휘장이 모두 성조기 문양이다. 현재 미국의 추수감사절은 11월 마지막 목요일로 지내지만, 1863년 링컨 대통령 이래 추수감사절 날짜는 대통령이 연례(年例) 선포하여 날짜가 각각 달랐었다.

▲ **그림23** 그들의 첫 추수감사절 (Their First Thanksgiving)

엉클 샘: 하와이, 이 흰 살코기 좀 먹어볼래(Hawaii, Will You Have Some of the White Meat)?

II. 엉클 샘과 존 불

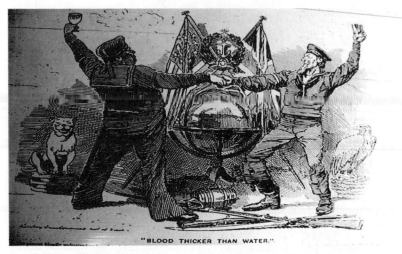

그림24 피는 물보다 진하다(Blood is Thicker Than Water)

그림25 우리는 문명과 평화를 대변하기 위해 힘을 합쳤다 (United We Stand for Civilization and Peace)

그림26 엉클 샘과 존 불의 악수 (Uncle Sam and John Bull's Shake)

자유 쿠바(Cuba Libre)를 위해

"Those two great nations understand each other better than they h
one since. over a century ago. they were separated by the blunders of the B

그림27 1898

조셉 체임벌린의 연설문(Joseph Chamberlain's Speech):
위대한 두 나라는 백년도 더 이전에 영국 정부의 실책으로 분리된 이래,
이제는 하나였을 때보다 서로에 대해 더 잘 이해하게 되었다(Those Two
Great Nations Understand Each Other Better Than They Have One Since, Over a
Century Ago, They Were Separately by the Blunders of a British Government)

그림27의 작은 원에는, 미국 독립전쟁기에 두 나라가 싸워 1776
년에 결별한 모습이 담겨있다. 〈1898〉이라는 그림 제목에서도 알 수
있듯이 지금은 두 나라의 상호 이해가 더 깊어진 것으로 표현되어 있
다. 1898년 5월 13일 버밍햄 연설에서 조셉 체임벌린 식민 장관은 미
서전쟁에서 미국이 카리브 해를 차지하는 것에 대해 노골적으로 지지
를 표명하며, 앵글로색슨 연대에 바탕을 둔 영·미동맹(Anglo-American
Alliance)을 주창하였다.

12. 앵글로색슨의 파트너십 –
브리타니아와 콜롬비아

▲ 그림28 앞으로도 그렇게 될까(Shall It Be So)?

앵글로색슨(ANGLO-SAXON), 하나의 목적, 하나의 목표(ONE AIM, ONE GOAL),
세계의 영광(GLORIA MUNDI)

▲ **그림29** 수많은 세월이 지난 뒤에(After Many Years)

브리타니아(영국): 딸아(Britannia–Daughter)!
콜롬비아(미국): 어머니(Columbia–Mother)!

'동방문제(Eastern Question)'에 주도권을 쥐고 있는 안경 쓴 영국 여성(Britannia)은 영국기 유니온 잭을 가운으로 두르고 있다. '미서전쟁(American–Spanish War)'에서 승리한 미국 여성(Columbia)은 성조기를 가운으로 걸치고 있다. 두 여인이 다정하게 손을 맞잡고 서로 주고받는 말.

"딸아(Daughter)!"

"어머니(Mother)!"

어머니 영 제국이 제국의 대열에 합류한 신생제국 미국을 돌아온 딸처럼 반갑게 맞이하는 듯하다.

13. 사자와 독수리

그림30 (좌)

인류, 문명, 자유, 영원한 평화를 위한 연대
(A UNION IN THE INTERESTS OF HUMANITY, CIVILIZATION, FREEDOM, PEACE FOR ALL TIME)

그림31 (우)

이전보다 더 사이좋게 되려는 듯
(More Intended to Be Chummy Than Ever Before)

유니언 잭과 성조기를 든 브리타니아와 콜롬비아, 손을 맞잡은 엉클 샘과 존 불, 독수리와 방패 군장의 미국, 영국 왕실의 신성한 힘을 상징하는 문장인 사자와 유니콘, 왕관과 방패를 든 영국의 군장. **그림 30**의 1898년 포스터에는 이 모든 요소들이 한꺼번에 표현되었다. 성조기와 유니언 잭을 뒤로 한 채 무장하고 서 있는 영국과 미국. 백인,

앵글로색슨, 프로테스탄트라는 공감대가 상호작용해 형성된 두 제국. **그림31**처럼, 영국 사자와 미국 독수리는 '이전보다 더 사이좋게 되려는 듯'하다.

1898년 당시 영국과 미국에서 가장 많이 읽힌 잡지 가운데 하나인 《19세기 Nineteenth Century》의 어느 글처럼, "우리 앵글로색슨 인종이 전 세계를 지배하는 것은 우리의 임무이자, 명백한 사명(With us of the Anglo-Saxon race, is our mission, our manifest destiny, to rule the world)이다. 그것은 인종적 유사성을 넘어 문명과 이상을 대변할 뿐만 아니라, 영어로 말하는(English-speaking) 앵글로색슨 인종의 "천부적 권한(birthright)"[65]이라는 것이었다.

과연 20세기에는 앵글로 색슨의 언어와 사고체계가 정치, 경제, 문화, 심지어 학문 세계 등 거의 모든 부분을 압도했다. 미국과 영국의 우의에 바탕을 둔 '따로 또 같이' 정책이 20세기 세계정세를 좌우했으며, 세계화를 선도했다. 공교롭게도 2016년 후반기에 영국과 미국은 약속이나 한 듯 나란히 자민족 중심주의, 신고립주의로 돌아섰다. 여전히 두 나라가 세계사의 흐름을 주도하고 있다.

14. 아프리카와 태평양의 두 거상(巨像),
세실 로즈와 엉클 샘

그림32

(좌) 세실로즈 거상(The Rhodes Colossus) ―
케이프타운에서 카이로까지 장악하다(Seizing from Capetown to Cairo)
(우) 태평양의 거상(Colossus of the Pacific) 엉클 샘

그림32의 왼쪽 부분은《펀치》지 1892년 12월에 실린 세실 로즈 총독의 유명한 풍자화이다.《시카고 트리뷴》지는 아프리카를 종단하여 영 제국을 진흥시킨 세실 로즈의 모습과, 태평양을 사이에 두고 샌프란시스코와 필리핀에 두 다리를 걸친 엉클 샘의 모습을 나란히 붙여 놓았다. 체임벌린 식민 장관은 5월 13일 버밍햄의 연설에서 "앵글로색슨족이 평화는 물론 전쟁에서도 더욱 협력을 강화해야 한다"고 강

조했다. "우리의 첫 의무는 두 나라는 말할 것도 없고, 대서양을 넘어 영원한 결속과 연대를 유지해야 한다"는 것이었다.[66]

세계 제국으로의 미국의 급부상과, 앵글로색슨족의 옹호와 연대가 그 다음 세기인 20세기를 특징지었다. 영·미를 중심으로 한 앵글로색슨족의 연대와 우의는, 러시아의 팽창이라는 '슬라브족'의 위협을 직접적으로 겨냥한 것이었다. 태평양을 둘러싸고 있는 앵글로색슨족 국가들(미국, 캐나다, 호주, 뉴질랜드)은 수백 개의 섬과 전략적 지점으로 영·미의 깃발 아래 20세기 '세계의 중심과 그 파워의 핵심[67]이 되었다.

15. 영·미의 우의는 계속된다

IT OUGHT TO BE A HAPPY NEW YEAR.
Uncle Sam and his English cousin have the world between them.

그림33 1899년도 복된 새해여야(It Ought to Be a Happy New Year)

영·미의 우의는 영어, 인종(앵글로색슨), 경제적, 문화적 이해관계의 유사성 이상의 것에 의존했다. 전 세계 어디서나 '정의를 추구한다'는 공통된 이상주의적 믿음이 그것이다. 공산주의 진영에 맞서 자유 자본주의를 지키려는 영·미의 이상주의적 믿음이 20세기 세계를 지배했다. 영 제국과 초강대국 미국의 경제적·군사적 패권을 바탕으로 전개된 영·미의 우의는 세계의 아메리카화를 초래했다. 테러리즘과 종교적 극단주의에 대처해온 국제사회에서의 영·미의 파트너십은 21세기에도 계속 유효할 것인가.

제10장 제국의 영광, 제국의 그림자[*]

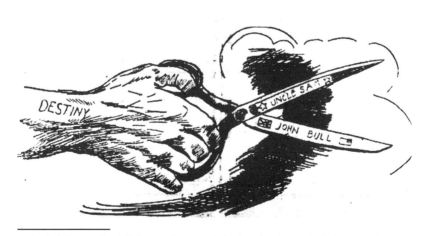

---

[*] 석화정, 〈풍자 이미지를 통한 1898년의 재구성–인종주의 너머 '힘의 정치'로–〉
《서양사론》(2015.9)을 재편성한 글임.

1898년만큼 정치풍자화가 갑자기 폭발적으로 증가한 해는 없었던 듯하다. 미서전쟁은 1898년의 가장 두드러진 사건 가운데 하나였고, 그에 대한 관심을 반영하듯 풍자 이미지도 눈에 띄게 증가했다. 미국의 《퍽》지처럼 대형 스탠더드 판 신문의 1면 전면 또는 양면 전체를 가득 풍자 이미지로 채우지는 않더라도, 대부분의 미디어들이 앞 다투어 1면 가득 동판화와 석판화로 찍어낸 채색 이미지를 실었다.[68] 프랑스, 독일, 오스트리아의 주간 잡지의 경우에도 표지는 말할 것 없고 속지 일면 전체에 풍자 이미지를 실었다. 문화적 코드와 유머가 담긴 풍자 이미지와 이미지 하단의 짤막한 캡션이 주는 간결하면서도 분명한 메시지는 독자 눈을 단번에 사로잡기에 충분했다.

1898년의 신문, 잡지, 풍자 화보집 등 미디어 이미지에는 다양한 요소들이 내포되어 있다. 도덕, 양심, 국위(Prestige), 국력, 정의, 인권, 구원, 애국주의, 국가 이미지 등 다소 관념적이고 추상적인 논의, 제국의 부침(浮沈)과 그로 말미암은 '힘의 정치'의 국제관계나 외교사(外交史)의 논의도 포함된다.

1898년을 움직인 가장 지배적인 힘은 무엇이었을까. 1898년에 식민지 팽창을 옹호한 친제국주의 논의에 인종적 사고는 어느 정도 영향을 미쳤을까. 1898년이 제국주의 절정의 해라면, 대중들은 역사의 대세가 팽창 일변도로 흐르도록 묵인했다는 의미인가. 1898년에 관한 이러한 의문들은 궁극적으로 역사는 어떻게 움직이는가에 대한 물음이기도 하다.

I. 피부색

그림1 누가 병합이라 했는가(Who said Annexation)?

그림1에 제국주의적 시각의 오만함이 뚜렷하게 반영되어 있다. 이 미지에 나타난 하와이·필리핀 남성은 원숭이인 듯 수건으로 가린듯 분명치 않은 얼굴인 데다가 피부색도 검다. 필리핀인은 손에 작은 칼을 들고 서 있고, 하와이 사람은 '하와이−한센병과 약탈물'이라고 쓰인 가방을 손에 들고 있다. 필리핀인과 하와이 사람을 한센병 환자들로 묘사한 것이다. 엉클 샘은 행여 옷자락이라도 닿을까 외투 아랫단

을 잡고 몸을 돌리고 있다. 마치 미국이 이 국가들을 병합함으로써 얻는 것보다 오히려 잃는 것이 많다는 듯한 제스처 아닌가. 인종주의를 적나라하게 드러낸 이 같은 이미지들은 그 자체만으로도 이미 타문화권에 대한 명백한 제국주의였다.

제국주의를 옹호하는 풍자 은유 가운데 가장 두드러진 예는 피부색이었다. 캘리포니아 대학의 얀 니더반 피터세(Jan Nederveen Pieterse) 교수는 검은(black) 이미지가 광범위하게 "식민주의, 이주, 서양의 맥락"으로 이용되었다고 결론지었다. 그는 미국에 이주한 다른 소수 인종들도 이러한 "니그로화" 과정을 겪었다고 보았다. 예를 들어 미국에 이민 온 중국인들은 그들의 유전적 형질 때문이 아니라, 그들에게 "무언가 흑인노예들과 공통적인 것이 있다"는 이유에서 주류 백인들로부터 차별을 받았다는 것이다. 그에 따르면, 미디어의 정치풍자화는 인디언이나 흑인들과 같은 미국 백인들의 '타자들'과, 또는 미국의 또 다른 '타자들'을 만들어내는 채널이자 도구였다.[69]

미국이 미서전쟁으로 스페인으로부터 확보한 식민지와의 관계에서도 그의 가정이 적용될 수 있다. 백인과 흑인이라는 피부색의 차이를 강조하는 것은 식민화의 수단인 동시에 식민 정책을 반영하는 것이었다. 풍자 이미지에서 어린이와 여성, 인디언과 니그로와 같은 유색인종은 흔히 야만의 상징이었다. '감정적이며, 불합리하고, 무책임하며, 불안정하고, 어린이 같은'[70] 유색 여성의 의존적인 이미지는 미국의 헤게모니를 정당화하는 데 동원되었다. 하와이는 병합되기 전부터 으레 흑인 아이[71], 또는 흑인여성[72]으로 묘사되었다. 쿠바는 백인 어린이, 흑인 어린이, 또는 키 작은 성인으로, 또는 소녀의 모습으로 묘사되었다.[73] 앵글로색슨 남성은 문명화의 상징으로서 이런 야만과 극명하게 대비되었다. 요컨대 식민 대상국 사람은 백인 미국인들과 동등하게 묘사된 적이 없었던 것이다.

　노스캐롤라이나 대학의 마이클 헌트(Michael H. Hunt)명예 교수는 대외관계를 결정하는 데 인종 이데올로기가 가장 중요한 요인이었다고 보았다. 즉 이데올로기가 정책 결정자들로 하여금 세계와 세계 속에 자국의 위치를 바라보는 의미와 구조에 영향을 주었다는 것이다.[74] 인종주의와 제국주의의 상관관계는 인간 내면에 깊숙하게 자리한 무의식까지 포함하는 복잡한 논의임에 틀림없다.

　인간에 잠재한 인종적 편견이 바닥에 깔려 있었음을 부인할 수 없지만, 적어도 1898년의 풍자 이미지에 나타난 인종주의적 시각은 사회진화론을 반영한 생물학적 요소보다는 국제관계에서 '힘의 정치'에 따라 강조되는 경향이 더 강했다. 식민 대상의 이미지는 고정된 것이 아니라, 대상을 바라보는 제국주의 국가의 시각에 따라, 또는 식민정책에 따라 그 이미지와 상징이 연동했기 때문이다.

2. 성인과 아동의 대비

WEIGHING THE BABY.
July 8.

The Hawaiian resolution passed the senate on July 7, by a vote of 42 to 21, and Uncle Sam weighed

그림2

피부색의 대비뿐만 아니라, 한 장의 이미지 안에 제국주의 국가는 큰 몸집의 당당함을 갖춘 제왕의 모습으로, 식민 대상국은 미치광이 또는 악마의 모습으로 대비되기도 했다. 하와이 병합 결의안이 미 상원에서 42 : 21로 통과된 바로 다음 날인 7월 8일자의 한 미디어에는 엉클 샘이 만족스러운 얼굴로 새 아기(하와이)의 몸무게를 다는 **그림2**의 이미지가 등장했다.[75] 무게를 표시하는 눈금에는 미국이 전쟁을 전개해야 할 여러 가지 이유, 즉 저탄기지, 태평양의 군사 전초 기지로서의 가치, 식민지로서의 가치 등이 표시되어 있다. 하와이는 정복을 위해 굳이 전쟁을 벌여야 할 필요성조차 거의 없을 정도의 가벼운 무게에 눈금이 가 있다.

필리핀의 마닐라 만을 침공한 미국은 두 달 뒤 미 의회를 앞세워 하와이를 압박하고 마침내 굴복시킨 바 있다.[76] 따라서 이 이미지는 하와이와의 병합이 미국이 굳이 강제적인 조치를 취할 필요도 없이 손쉽게 이루어졌다는 의미를 담고 있다. 하와이를 갓 낳은 아기로 묘사한 것처럼, 성인 남성 대 남자 어린이나 남자 아기의 대비[77], 보호하는 남성과 보호받아야 할 여성의 대비도 다수 발견된다.[78]

성숙한 성인의 이미지인 제국과 미성숙한 아이 이미지인 식민지, 계몽과 무지, 화려한 옷매무새와 반 벌거숭이의 차림을 대비시킨 이미지들은 제국주의 시대 미디어 이미지의 보편적인 표현 양식이었다. 유럽인들처럼 대부분의 미국인들도 필리핀을 병합으로 이끈 마한(Alfred T. Mahan)제독의 제국주의적인 태도를 공유했다. 마한은 필리피노들이 백인의 도움을 필요로 하는 "인종적인 발전단계로 볼 때 아동기에 있는 사람들"이라고 믿었다.[79]

"Now, Little Man, I'll See What I Can Do for You."

그림3

그림3에서 미국 남성을 키가 크게 그리고, 보호해야 할 대상이라는 듯 쿠바 소년 소녀의 키를 작게 그리는 것은 제국주의 시대 풍자화의 상투적인 기법이었다.

피부색, 성숙과 미성숙의 대비 못지않게 가장 많이 동원된 은유가 이 같은 온정주의(Paternalism)였다. 가족 관계에서 아버지 같은(드물게는 어머니 같은) 제국주의 국가와, 가족의 일원으로서 식민 대상국은 유아, 어린이의 이미지로 대비되었다. 제국주의 국가 미디어가 자국을 피부색이 다른 유아, 어린이를 돌보는 부모로 또는 교실에서 교사를 근심에 차 있거나 자애로운 얼굴 표정으로 그려냄으로써 제국주의 국가가 '타자들'을 바라보는 시선을 인간의 일상사에서 흔히 일어나는 일로 일반화하는 것이다.

THE PHILLIPINE KID.

SPAIN – ME CHE-ILD, ME CHE-ILD, GIVE ME BACK ME CHE-ILD!
U. S. – NOT ON YOUR TINTYPE. YOU ABUSED THE KID,
AND I'LL TAKE CARE OF HIM FOR A WHILE.

그림4

미국의 상징 캐릭터인 엉클 샘을 유치원이나 학교 교실에서 자애
로운 교사로[80] 묘사하고, 식민지를 고아 또는 말썽꾸러기 악동 등으
로 대비시킨 정치풍자화의 패턴은 가장 보편적인 제국주의의 이미지
로 자리 잡았다. 영국 시인 키플링(Rudyard Kipling)이 자신의 시 〈백인
의 짐 White Man's Burden〉에서(245쪽) 필리핀 원주민들을 '반은 악마,
반은 어린이'의 미개인으로 묘사한 것은 1899년의 일이지만, 이것은
1898년의 미디어 이미지에서 이미 익숙한 표현 방식이었다. 뿐만 아
니라, 아버지 또는 나이 든 백인 남성 교사와, 가정·유치원·학교 교
실에서의 어린이를 대비시키면서, 아버지·교사가 늘 철없는 어린아
이들을 '달래거나 회유'하는 모습이 보인다.[81] 미디어 이미지에 '회유'
가 나타나면 곧바로 제국주의 국가의 강압적인 식민정책이 후속조치
로 나왔을 가능성이 커 보인다.

3. 이상주의

미국 팽창주의를 노골적으로 선동한 정치 풍자 이미지들은 이상주의의 옷을 입고 전쟁을 선동하는 경향이 강했다. 미국이 쿠바·스페인전쟁에 개입한 것은 '인본주의의 이름으로(In the name of humanity)'[82], '자유', '진보'를 위해 **그림5**처럼 '정의(justice)'의 칼을 든 '정의로운 전쟁(righteous war)'[83] 이자, 정의로운 제국주의(imperialism of righteousness)전쟁이었다.

미국 미디어 가운데에서도 양대 황색 언론지인 《뉴욕 저널》과 《뉴욕 월드》지는 이상주의를 표방하며 미국의 외교정책에 압력을 넣고 전쟁을 정당화하는 첨병 노릇을 했다.[84]

'백인의 짐'이나 (19세기 중엽 이래 미국의 프런티어 확장 과정에서 생겨난) '명백한 사명(Manifest Destiny)'과 같은 인종우월적 이데올로기를 국제관계사나 외교사 연구를 통해 입증하는 것은 쉽지 않다. 그러나 적어도 미서전쟁 과정에서 더욱 두드러진 팽창주의 이미지들은 1898년이 참으로 제국주의 팽창이 절정에 달했던 해였다는 테제에 한걸음 더 다가가도록 해주는 듯하다. 1898년의

그림5

팽창주의적이면서 인종주의적 함의가 담긴 미디어 이미지는 정부로 하여금 대외 팽창을 이행하도록 압력을 넣는 데 한층 더 영향력을 가지고 있었다.

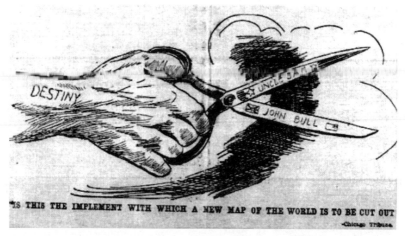

그림6

미국과 영국의 팽창주의와 제국주의에 대한 비판적 이미지도 있었다. 《세인트 폴 글로브 The Saint Paul Globe》지는 새 세계 지도를 재단할 엉클 샘과 존 불의 이 가위가 "사명(Destiny)의 적절한 도구일까"라며 19세기 중엽 이래 미국의 '명백한 사명(Manifest Destiny)'에 대한 회의적인 이미지를 게재했다. (**그림6**) 미국과 영국의 세계적인 팽창을 문명화와 기독교화라는 명백한 사명으로 포장하는 데 대한 비판인 것이다.

이상주의의 명분 아래 적극 개입하려는 경향은 먼로 독트린(1823) 이래 미국외교가 가지는 특징이자 모순이다. 미디어 이미지에도 이런 모순이 그대로 반영되었다. 먼로 독트린 이래 미국의 대외정책의 두 축인 고립주의와 불개입주의, 개입주의와 이상주의가 교대로 등장하는 모순적인 순열조합은 미디어 이미지에도 자주 나타났다. 즉, 도덕, 의무, 이상, 백인의 짐, 여성(식민대상국) 보호, 휴머니즘, 자유, 심하게는 가난과 압제, 아사로부터 구원한다는 명분으로 타국에 대한 적극적인 개입과 영향력 팽창을 주장하는 것이다.[85]

그림7

그림7은 미국의 필리핀 병합이 정의(Justice)와 인권(Humanity)이라는 두 필의 말과 문명(civilization)의 쟁기로 필리핀 밭(the Philippine Field)을 '새롭게 갈아주고 있음(breaking new ground)'을 주장하고 있다.

미국이 쿠바·스페인 문제에 개입한다 하더라도 미국이 받아낼 수 있는 유일한 보상은 연약한 여성 또는 울고 있는 소녀라는 묘사, "쿠바를 자유롭게(Cuba Libre)"하는 성전(聖戰)이라는 은유들이 미국의 모순적인 식민 정책을 뒷받침한다.[86]

19세기 중엽 이래 프런티어 팽창과 제국주의적인 해외 팽창을 이끌어온 영토 확장의 주된 이데올로기였던 '명백한 사명(Manifest Destiny)'

은 불개입, 비식민, 고립주의를 표방한 1823년의 먼로 독트린 이래 현실주의와 이상주의의 편의에 따라 오락가락했다. 문제는 개입 대상국, 더욱이 대테러전쟁의 대상이 된 이슬람권 국가들은 기본적으로 미국식 이상주의에 바탕을 둔 제도와 방식에 공감하지 않는다는 데 있다. 그들은 서구식 자유주의, 민주주의에 낯설 뿐만 아니라, 자신들의 전통사회나 제도와도 맞지 않는다고 느낀다. 세계화와 인터넷으로 지구촌이 하나가 된 글로벌 사회에서도 개별 국가와 사회가 그들 자신의 방식을 고수하길 원한다면, 서구 중심의 가치를 강요하는 건 무리가 아닐까. 2016년 말 제2기 오바마 행정부 아래에서도 아프가니스탄 전쟁은 완결되지 않았으며, 2017년 이후에도 5,500명의 미군이 계속 주둔할 것이라고 한다.

4. 인도주의와 반제국주의

이상주의와 도덕, 양심, 정의, 구원을 전면에 내세우는 경향은 당시 영향력이 가장 컸던 양대 신문 《뉴욕 저널》과 《뉴욕 월드》에서 가장 빈번했다.[87]

대 스페인전에 개입해야 한다는 미국의 호전적 개입주의는 분명 스페인의 압제, 학살, 야만성, 탐욕, 잔인함, 약탈로부터 쿠바, 필리핀, 푸에르토리코, 카나리 제도와 같은 "불쌍한 희생자들을 구제한다(Rescuing the poor victims)"는 도덕적 이상주의의 옷을 입고 펼쳐졌다.[88] 1898년의 미국 국민은 제국의 부에 대한 장밋빛 전망, 영국, 독일 등과 앞으로 벌이게 될 제국주의 경쟁에 대한 우려와 지원이, 식민지 사람에 대한 인종주의 등 이데올로기적 논의보다 훨씬 중요했던 듯하다.

그림8

그림8은 흔히 인터넷 웹에서 볼 수 있는 반제국주의의 대표 이미지이다. 11월14일의 《뉴욕 월드》지와 11월 26일 《리터러리 다이제스트 Literary Digest》지에 공동 게재된 이 이미지는 정의의 여신이 매킨리 대통령의 옆에 서서 전쟁으로 학살된 필리핀인들의 모습을 보여준다.[89] 이 그림에는 매킨리 대통령이 필리핀의 지도만 곰곰이 들여다보고 있을 뿐, 정의의 여신의 메시지에는 관심이 없는 모습으로 그려졌다. 캡션은 더 노골적이다. '문명은 미국 국내에서 시작한다 (Civilization begins at home)'는 매킨리의 오만한 독백은 이 이미지가 반제국주의 풍자화로 자리매김 될 만하다. 스페인과 전쟁이 끝난 이후에는 전쟁 책임과 관련한 반제국주의 이미지들이 등장했다. '전쟁의 영광(war glory)' 이면에 장티푸스, 부패한 계약, 비위생적인 군 기지, 깨끗하지 못한 식수, 전사자들의 초라한 장례식 등이 있다고 비판한 반전 메시지 등이 그것이다.[90]

그러나 반제국주의 이미지는 대부분 미국의 이상주의를 표방한 팽창에 대한 비판이나 주로 전후 책임 문제를 둘러싼 논의가 주류를 차지했다. 그리고 반제국주의적인 풍자 이미지의 수는 팽창주의를 옹호한 이미지에 견주어 볼 때 상대적으로 훨씬 적었다. 뿐만 아니라, 인종차별적인 이데올로기를 비판하는 인도주의적(humanitarian) 논의는 1898년의 반제국주의 이미지에서는 거의 나타나지 않았다. 전반적으로 1899년에 태동한 '미국 반제국주의자 연맹'이나 반제국주의 논의가 무르익기 선이었기 때문에, 미디어에서도 반제국주의에 거의 주목하지 않았던 듯하다.

요컨대, 미국에서 반제국주의 논의는 1898년 말에 미 정가에서 서서히 이슈로 떠오르기는 했지만, 당시 미국민들의 주목을 받지도 못했을 뿐만 아니라, 대다수의 미국인들에게도 그리 중요한 문제가 아니었다고 할 수 있다. 1898년의 미국민들에게는 제국이 가져다 줄 부에 대한 장밋빛 전망, 영국, 독일 등과 앞으로 벌이게 될 제국주의 경쟁에 대한 우려와 지원이, 식민지 사람에 대한 인종주의 등 이데올로기적 논의보다 훨씬 중요했던 것이 아닌가 여겨진다.

반제국주의 논의는 평화조약을 체결하고 난 9월 초부터 미국 정가에서 등장했고, 12월에는 정치적 이슈로 떠오르기 시작했다. 정치적 이슈란 '전쟁의 영광(war glory)'과 미국적 이상 사이의 갈등을 메우려는 논의들을 의미한다. 육군본부, 전시 정책, 소집 해제된 귀국 병사들의 문제, 전사자 문제와 전쟁 책임론 등 전후 책임을 놓고 국내 정치권과 여론에서 갑론을박이 시작되었다.[91] 미서전쟁의 미국측 전사자가 385명인데, 그보다 14배가 많은 15,403명이 질병으로 사망했기 때문이다. '전쟁의 영광'은 도덕, 상식 등 '미국적 이상'과 갈등을 일으켰다. 이는 전쟁의 책임문제, 전사자들의 처리, 병영시설, 각종 전쟁의 추문 등이 점차 정치적인 이슈로 등장했다는 것을 뜻했다.

THE JACK AND JILL OF THE WAR

그림9

그림9처럼, 멀리 '전쟁의 영광(War Glory)'을 뒤로 한 채, 매킨리 대통령이 굴러 떨어지며 쏟아낸 양동이에서는 장티푸스(Typloid fever), 폐렴(Pneumonia), 오염된 식수(impure Contracts), 허술한 장례식(pauper funerals) 등의 문제가 한꺼번에 나왔다.[92] 이 그림의 이미지와 캡션(The Jack and Jill of the War)은 서양의 전래동요이자 라임(Rhime)인 '잭 앤 질(Jack and Jill)'을 패러디한 것이다. '잭과 질'은 우리 식으로 표현하자면, '철수와 영희', '갑돌이와 갑순이' 정도가 될까.

매우 다양한 '잭 앤 질' 버전이 있는데 가장 간단한 버전의 1절은 다음과 같다. '잭과 질이 양동이에 물을 길어 와 힘겹게 언덕길을 오르다가(Jack and Jill went up the hill, To fetch a pail of water), 잭이 넘어지면서(Jack fell down), 질도 그만 떼구르르 굴러 떨어지고 말았네(And Jill came tumbling after). 잭과 질이 굴러 떨어지며 양동이의 물을 다 쏟아 내고 말았다는 내용이다. 평범한 내용의 운율이지만, '잭과 질'은 원래 프랑스 대혁명기의 루이 16세와 마리 앙투아네트를 상징한다고 여겨질 만큼 정치적 은유의 깊이가 있는 운율이다.

'전쟁의 영광' 이면의 문제들은 매킨리 대통령의 상층부에서 쏟아져 나온 문제들보다 훨씬 많고 다양한 이미지로 등장했다. 비위생적인 병영캠프, 질병, 의약품 및 간호사의 부족 문제, 외과의사 부족, 부상병들을 위한 간이침대 부족 문제, 신속한 귀향문제, 미 국방장관 또는 국방성의 누군가가 책임을 져야 한다는 이미지, 각종 전쟁 추문에 대해 결국 대통령에게 모든 수습의 책임이 있다는 압력을 상징하는 이미지, 전쟁을 유도한 황색언론에 책임이 있다는 독자들의 목소리를 반영한 이미지 등이 그것이다.[93]

'정신을 차린 뒤에 떠오른 냉정한 생각(A Sober Second Thought)'이라는 **그림10**도 '끝도 안 보이는 계획 가운데 하나에 최근 연루되었다는 건가(Hold on! Am I getting myself late one

그림10

그림11

of these endless chain schemes)?'라는 메킨리 대통령의 자각을 촉구한 반
(反)제국주의 이미지이다.

전후에는 해외식민지 획득과 제국의 팽창, 그리고 팽창에 들어갈
비용을 주요 논의로 삼는 반제국주의 논의가 시작되었다. 해외 팽창
과 개입에 반대하지 않는다는 점에서는 반제국주의자들도 예외가 아
니었다. **그림11**처럼 '팽창(Expansion)'에 드는 비용이 막대해서 메킨리
대통령의 배는 불룩하다 못해 비정상적이다. 팽창에 따른 경제적 부
담을 고려하지 않고 한 발 더 내딛는다면 어떻게 될까(What Step to the
Next)? 매킨리 대통령은 자신의 다음 발걸음이 결국 '정치적인 망각
(Political Obvilion)'의 낭떠러지로 떨어질 수밖에 없다는 위기감에 싸여
있다.

그림12

그림12에는 "제국주의(imperialism)"라고 쓰여 있는 비행기 동체에, 쿠바, 푸에르토리코, 필리핀 등의 바퀴와 엉성한 두 개의 돛대가 달려 있다. "새들도 나는데, 나도 날 수 있어(Birds Kin Fly, So Kin I)"라는 캡션에 비행기 동체를 날기 어려운 모습으로 조잡하게 풍자한 것은 뚜렷한 반제국주의 색채를 드러낸 것으로 평가할 수 있다.

이렇게 정치풍자화를 종합해볼 때, 1898년 말까지도 인류 보편적으로 자리 잡은 인간애와 인간성에 바탕을 둔 반제국주의 운동과 논의는 아직 본격적으로 조성되지 않았던 것으로 보인다. 반제국주의 논의와 시대적 요청이 아직은 무르익지 않았다고 해서 1898년 당시에 반제국주의가 없었다고 단정할 수는 없지만, 풍자화 세계에서 볼 때, 1898년은 역사상 그 어느 해보다도 제국주의의 열풍이 휩쓸었던 해였다.

5. 국가 이미지의 정형(stereotype)과 상징(symbol) 변화

국가 이미지의 정형(stereotype)과 상징(symbol)을 통해 1898년이라는 해의 의미를 재음미해볼 수 있다. 풍자 이미지에 나타난 식민국가와 제국의 정형 변화를 주목해야 하는 이유는 무엇보다도 그 변화가 미국의 식민 정책과 밀접하게 연관되어 있었다는 데 있다. 예를 들어, 미국이 전쟁에 개입할 당시의 쿠바는 스페인 제국에서 구해내야 할 아리따운 여성이며, 그 가운데서도 백인 여성의 모습이다. 그런데 전쟁이 끝난 이후부터 쿠바는 흑인, 특히 흑인 어린 아이의 이미지로 바뀌었다.[94] 1901년 병합이후 시간이 가면 갈수록 쿠바의 나이는 점점 더 어려져 갓 태어난 신생아이거나, 아장아장 걷는 원숭이 얼굴의 흑인 유아, 심하게는 흉악한 악동의 모습으로 전락하는 것을 볼 수 있다.[95] 이로 보아 한 식민 지역의 이미지 변화는 미국 정부의 쿠바에 대한 식민정책 변화와 밀접한 관련이 있었음을 알 수 있다.

미국 식민지 가운데 푸에르토리코는 그 변화의 폭이 더욱 컸던 듯하다. 1898년의 미국 미디어에서 푸에르토리코의 고정화된 이미지는 미국의 병합에 저항하지 않는 천진난만한 아이의 모습이었다. 그러나 병합을 위한 푸에르토리코 법안(Puerto Rican Bill, 1900.3.1)이 통과되고 난 뒤, 푸에르토리코의 이미지는 성인 남성과 여성, 어린아이에 이르기까지 모두 비참한 모습으로 묘사되기 시작한다. 더욱이 관세 장벽과 관련한 미국의 경제적 침략의 실상에 나타나는 푸에르토리코의 이미지는 이전의 천진난만한 어린이의 모습은 찾아볼 수 없을 정도로 참혹하게 바뀌었다. 미국의 높은 관세장벽에 부딪쳐 하역도 못하

그림13

는 푸에르토리코의 공산품들, 미국이라는 '무자비한 악당'에 맞서 초
기 산업을 보호해달라고 호소하는 어린아이 푸에르토리코, '문명으로
가는 길(Direct Road to Civilization)'의 길목에서 관세장벽의 쇠사슬에 두
발이 묶여 있는 푸에르토리코 어린이(**그림13**), 나무에 온 몸과 손발이
묶인 채 미국의 관세장벽과 트러스트들의 이윤에 희생당하고 있는 푸
에르토리코 남성, 두 손이 묶여 있는 성인 여성 등의 이미지가 그것이
다.[96]

1900년에 미국의 민간 총독이 파견되어 푸에르토리코에 대한 지배
가 공식화하면서 푸에르토리코의 국가 이미지는 더욱더 경제적 착취
와 배척 대상의 참담한 모습으로 전락했다.

그러므로 미디어의 풍자 이미지를 계속 추적해서 비교분석해본다
면, 미디어 이미지와 국가 권력, 식민정책과의 상관성은 더 구체적으

로 드러날 수 있을 것이다. 요컨대, 식민 대상의 이미지는 고정된 것이 아니라, 대상을 바라보는 제국주의 국가의 시각에 따라, 더 구체적으로는 식민정책에 따라 그 이미지와 상징이 계속 바뀌었다. 19세기 말 제국주의가 단순한 생물학적 인종주의와 같은 이데올로기로만 설명될 수 없다고 보는 이유가 여기에 있다. 풍자 이미지들은 제국주의 시대의 국제관계가 힘의 역학관계에 따라 국가의 이미지 또한 변화했다는 사실을 말해주고 있다.

6. 민족주의와 국가 이미지

그렇다면, 적국관계에 놓였던 미국과 스페인의 상대국에 대한 정형
은 어떤 변화가 있었을까. 구제국과 신제국을 대표한 미국과 스페인
이 상대국에 가졌던 적의와 '정형'은 힘의 관계가 역전된 이후에도 별
로 변화가 없었다. 예를 들어, 미국 미디어는 전쟁 이전에도 이후에도
지속적으로 스페인을 초라한 원숭이, 키가 작고 남루한 이미지 등으
로 표현했다.[97] 《퍽》지는 '19세기 계몽'을 상징하는 칼과 '호전적 애국
주의자(Jingo)를 명분으로' 미국의 엉클 샘이 스페인의 실정(失政)을 처
단해야 한다고 묘사했다.[98] 식민지가 아닌 스페인 제국에 대해 식민지

그림14

에 적용했던 계몽과 야만
이라는 잣대를 들이댄 것
은 '힘의 정치'의 논리가 적
용된 예로도 볼 수 있다.

오스트리아의 풍자 잡
지 《데어 플로》는 미서전
쟁 개전 직전의 스페인을
귀족풍의 드레스를 입은
백인 귀부인으로 표현했
다.(**그림14**) 이는 오스트
리아 제국이 같은 유럽의
구 제국인 스페인에 대해
가지고 있던 고정관념이기

도 하지만, 스페인 제국이 스스로를 표현했던 이미지이기도 했다. 즉 구 제국을 문명과 동일시하고, 여전히 정신적으로나 문화적으로 세련되며, 오랜 역사를 지닌, 존중받아야 할 전통을 가진 우아한 여성의 이미지로 묘사하는 것이다.

이와 달리, 스페인의 미디어에서 미국은 거대한 몸집의 그로테스크한 '양키 피그(Yankee Pig)'가 '엉클 샘의 적나라한 이미지(Portfolio de la Semana)'였다.(그림15)

그림15

중세 이래 유럽에서 돼지의 이미지는 탐욕, 육욕, 게으름을 상징할 뿐만 아니라, 더럽고 저속하고 야만스러우며, 품위도 없는 무뢰한의 악을 상징한다. 스페인의 미국 이미지 역시 미국의 스페인에 대한 고정관념과 마찬가지로 전쟁 이전은 말할 것 없고 전쟁에 패한 이후에도 크게 달라지지 않았다. 경쟁적인 민족주의가 충돌할 때 상대국에 대한 정형은 극단적인 인종주의에 매몰되어 '힘의 정치'의 논리마저 적용될 여지가 상대적으로 더 좁아지는 것이 아닌가 싶다. 민족주의가 동원된 국제관계에서 적은 곧 악이었다.

7. '힘의 정치(Power Politics)'와 국가 이미지 변화

1898년은 세계사적으로 새로운 시대를 열었던 해이다. 19세기 중엽 이래 격화된 제국주의 경쟁이 절정에 달하면서 제국의 부침(浮沈) 또한 극명해졌다. 유럽의 병객(Sick Man) 스페인 제국은 미국과 전쟁에서 패배한 뒤 아메리카 대륙과 태평양에서 식민지를 상실하면서 제국으로서 종식을 고했다. 유럽과 소아시아의 병객 터키 제국은 그리스와의 전쟁 이후 더욱 무력해졌고, 아시아의 병객인 청 제국은 열강의 조차지로 조각조각 분할되는 굴욕을 당했다. 아프리카 대륙도 서구 열강에 따라 분할이 완료되었고, '해가 지지 않는 영 제국'은 더 이상 자국의 '영광스런 고립'이 유지되기 어려워짐을 스스로 절감하게 된 해이다. 영 제국은 세기말에 이르면서 상대적으로 위축되어 갔던 것과 달리, 미국이 초강대국으로 급부상하고, 독일과 일본이 유럽과 아시아의 신흥 강자로 서서히 떠오르기 시작했다.

그렇다면 제국의 부침과정에서 드러난 제국 또는 식민국가의 정형과 상징은 1898년에 떠오른 제국의 영광과 지는 제국의 그림자를 그대로 반영하는가. 부침(浮沈)이 명확했던 몇몇 제국의 이미지 변화를 추적해보면 이 점이 더 분명해진다. 청 제국과 함께 환자(sick man)로 간주되었지만, 터키 제국의 이미지는[99] 영국과 미국, 그리고 프랑스의 언론에서 유럽 국가들과 어깨를 나란히 하는 터키 황제 또는 무슬림의 모습이 훨씬 더 많았다.[100] 미국의 《퍽》지와 《하퍼스 위클리 Harper's Weekly》지는 영어 발음이 같은 칠면조(Turkey)로 터키 제국을 묘사했는데[101], 이는 다른 나라들도 동물 이미지로 함께 등장한 경우였다.

요컨대 약체화한 터키 제국과 청 제국은 1898년의 격변(그리스와 전쟁을 치렀던 터키 제국이나, 조차지 분할이 완료된 청 제국)에도 그 이미지가 크게 바뀌지 않았다. 터키 제국이 칠면조(터키)로 묘사되었을 때, 청 제국이 닭으로 묘사됨으로써 유럽 열강에 견주어 상대적으로 굴욕적이거나 경멸당하는 듯한 이미지로 묘사되기도 했다.[102] 그러나 많은 이미지에서 터키 제국은 취약하나 여전히 건재한 모습으로 그려졌다. '힘의 정치'의 국제관계에서 여전한 힘을 가진 유럽 열강의 파트너의 이미지였다.

　아시아의 환자 청 제국의 경우에도, 일본과의 전쟁에 패하고 1898년에는 서구 열강에 따라 조차지가 분할 완료되는 굴욕적인 상황에서도 풍자 이미지에 그리 큰 변화가 없었다. 청 제국의 이미지는 대체로 북양대신 리훙장(李鴻章)을 상징하는 듯 변발한 남성 성인이다. 영국의 《펀치》지는 일관되게 청 제국의 모습을 위풍당당한 풍채로 담아내었다.[103] 오스트리아의 《데어 플로》지는 열강에 따라 산산조각나는 중국의 모습을 비루한 쿨리의 모습으로 다소 아둔하게 묘사하기도 했다.[104] 프랑스의 조르주 비고나 영국의 화가 프랜시스 굴드는 각각 자신의 화집에서 자주 청 제국을 열강의 손에서 조차지를 추궁당하거나 변발이 잡아당겨지는 수모를 당하는 모습으로 담아냈다.[105] 서태후를 상징하는 듯한 황후의 이미지도 있다.[106] 그러나 앞 다투어 청 제국을 차지하려는 1898년 열강의 제국주의 분할의 난장(亂場) 속에서도 청국인은 여전히 거구(巨軀)의 모습인 이미지가 많았다. 전쟁에 패한 제국 스페인의 이미지가 미국과 일본에서 이미 재기불능의 상태로 초라하게 묘사되는 것과는 매우 대조적이다.[107]

　이와 달리, 청일전쟁에서 승리한 일본은 1898년에 당당히 유럽 열강의 외교 무대에 등장하기 시작했다. 1898년 일본의 국가 이미지는 서구 열강만큼의 몸집이 큰 성인은 아니지만, 열강과 대등한 모습으로 그려지기 시작했다.[108] 청일전쟁 이전의 작은 곤충과 원숭이 이미지에서 청일전쟁기 소년병 이미지를 벗어나 어엿한 남성 군인의 모습으로 크게 변화한 것이다.[109] 일본의 정형 변화는 국력과 국위 즉 '힘의 정치'가 인종주의를 넘어섰음을 말해주는 대표적인 예이다.

'힘의 정치'에 편승한 인종적 사고는 인간 본연의 무의식에 잠재한 인종적 편견을 넘어선 것이라기보다는, 제국주의와 인종주의의 외연이 더 넓어진 것으로 볼 수 있다. 마치 아프리카인들을 인종적으로 폄하한 풍자 이미지가 거의 없다고 해서, 아프리카로의 팽창과 분할을 최고점에 달하게 만든 유럽인들이 비백인의 생물학적 인종에 대한 편견을 넘어섰다는 의미가 아닌 것과 마찬가지이다.

그런가 하면, 영 제국은 풍자 이미지에서 여전히 세계 최강의 모습이다.[110] 청 제국이 유럽 열강에 따라 분할되는 상황에서도 가장 많은 기득권을 보유하고 있던 영 제국의 풍채는 다른 열강과 비교가 되지 않을 정도로 크고 당당하게 묘사된다. 영국은 여전히 파티장에서 가장 우아한 귀부인의 모습으로 동맹국 파트너를 찾고자 고군분투하는 모습이다.(7장 그림12)[111] 영국의 《펀치》지는 이 같은 자국 외교의 고립 상황에 대한 풍자 이미지를 지속적으로 게재했다. 19세기 내내 유지해왔던 "영광스러운 고립" 정책을 표방한 외무성의 정책은 1898년에는 그 문짝 전체를 교체할 정도로 바뀌기 시작했다.(7장 그림13)[112] 영국은 고립을 탈피하고자 독일, 프랑스, 러시아 등과 동맹 교섭을 벌이기 위해 적극 나서게 된 것이다.[113] 외무 장관 개인의 성향에 정책이 좌우되고, 식민성의 주도 아래 눌려 있던 영국 외무성이 본격적으로 기지개를 펴는 것이다.

그렇지만, 많은 정치풍자화에서 영 제국의 모습은 확실히 노후해졌고, 특히 미국이 미서전쟁에서 승리한 이후에는 그 관계가 역전된 것으로 나타났다.[114] 아프리카대륙 전체를 차지한 세실 로즈 총독을 그린 1892년의 저 유명한 풍자 이미지와, 먼로 독트린이라는 미명 아래 두 다리를 벌려 아메리카 대륙의 큰 부분을 차지한 미국의 엉클 샘 이미지는 정확히 닮아 있다. (9장 그림32)[115]

이와 달리, 1898년의 이미지 속에서 미국은 더러는 영 제국의 후광 뒤편에 조용히 있기도 하지만[116], 이미 초강대국의 모습이다.[117] 19세기 해가 지지 않는 제국의 전 세계적인 이익과 영국·러시아 경쟁 시대의 바통을 이제 미국이 고스란히 넘겨받아 20세기 세계를 주도하게 될 것임을 정확하게 예고한 것이다. 영국의 《펀치》지는 미서전쟁 승리 이후 쿠바, 푸에르토리코, 하와이, 필리핀 등을 차지하며 급부상한 미국을 경계하며 '유럽'이 이를 못 마땅해 한다는 불편한 속내를 지속적으로 드러냈다.[118]

그러면서도 다른 한편으로는 '피는 물보다 진하다'는 이미지[119]로 앵글로 색슨의 연대와 우의를 강조했다. '피는 물보다 진하다'는 이 유명한 구절은 1897년 빅토리아여왕 제위 60주년을 기념하는 자리에서 처음 나왔다.(9장 그림24)[120] 앵글로 색슨의 우월성과 연대를 강조하는 엉클 샘과 존 불의 이미지, 또는 이전보다 훨씬 더 강해진 영국 사자와 미국 독수리의 이미지로 강화되었다.(9장 그림31)[121] 전 세계를 무대로 세계의 경찰을 자처하고 있는 두 나라의 이미지도 급격하게 증가했다.[122] 이런 앵글로 색슨 연대에 대한 요구와 주문에는 미국의 《퍽》지와 영국의 《펀치》지가 가장 앞장서 있었다. 비슷한 상징과 은유가 반복된 미디어 이미지들을 통해 우리는 1898년을 기점으로 전 세계적으로 영국과 미국의 우의에 바탕을 둔 '따로 또 같이' 정책이 20세기 국제관계를 좌우하게 되었다고 말할 수 있다.

영국은 여전히 해가 지지 않는 최강의 제국이었지만, 급부상한 미국에 비해 상대적으로 고립되고 위축된 모습으로 그려진 데서 '힘의 정치' 논리가 엿보인다. 이것이 사회진화론에서 파생한 인종주의 이데올로기만으로는 1898년의 제국주의를 설명하는 데 한계가 있다고 보는 이유이다. 1898년의 인종적 사고는 독립된 영역이 아니라 국위, 국력, 애국주의 등 '힘의 정치'와 연결되어 있었으며, 다른 한편으로는 젠더, 도덕, 양심, 인권, 자유, 평등과 같은 이상주의로 표방되는 경향도 있었다. 1898년의 미디어가 제국주의 대외정책으로 연결될 수 있는 고리가 바로 여기에 있었다. 적어도 풍자 세계 속에 나타난 19세기 말 국제 관계에서는 생물학적인 이데올로기보다도 '힘의 정치' 논리가 국가 이미지, 나아가 외교정책을 형성하는 데 더 중요한 구실을 한 것이다.

1898년에서 나오며

'한 국가가 자국의 경계를 넘어 다른 국가를 침범하는 현상'으로서의 제국주의는 역사에서 늘 있어왔다. 그러나 19세기 중엽 이후 제1차 세계대전이 발발할 때까지 '신제국주의'는 눈에 보이지 않는, 비공식적인, 무형의(informal), 간접적인 침투와 팽창이었다. 에드워드 사이드는 《문화와 제국주의》에서 서유럽 문화에서 제국주의와 식민주의의 중심적 구실과 중요성을 강조하며, 제국주의는 중심부에서 먼 곳을 지배할 때의 태도, 관행, 이론을 의미한다고 정의한 바 있다. 그렇기 때문에, 팽창의 원인, 동기, 추진력과 방대한 침탈의 규모를 입증하기 위해서는 그야말로 빅데이터를 필요로 한다. '19세기 말에 전 세계 80퍼센트 이상의 약소국이 강대국의 손에 분할되었다'는 레닌의 테제[123]는 여전히 회자되고 있지만, 이를 구체적으로 뒷받침할 만한 종합적인 연구는 거의 없다. 이 책은 이 점을 염두에 두고 정치풍자화를 통해 1898년을 재구성해보았다.

　1898년은 기존의 제국들(영국, 스페인, 터키, 청 제국)이 약체화하고, 세계적으로는 미국(아시아에서는 일본, 유럽에서는 독일)이 중남미와 태평양과 아시아에서 제국으로 급부상한 해였다. 제국의 부침이 이례적으로 두드러진 가운데, 강대국에 따른 약소국의 식민지화 현상도 눈에 띄었다. 식민지 확장 경쟁이 정점에 도달하던 1898년, 동시대인들에게는 국가의 영광과 권위(prestige)를 재확인하고, 식민지 획득을 통해 얻는 경제적 이익이 무엇보다도 중요했던 해였다.

　미디어의 풍자 이미지에 나타난 피부색, 성(gender), 온정주의, 그리고 '백인의 짐'이나 '명백한 사명'과 같은 인종우월적 이데올로기의 함의는 1898년이 과연 제국주의 팽창이 절정에 달했던 해였다는 테제에 한걸음 더 다가가도록 해주는 듯하다. 팽창주의적이면서 인종주의적 함의를 표방한 미디어 이미지는 정부로 하여금 대외 팽창을 이행하도록 압력을 넣는 데 점점 더 영향력을 가지고 있었다. 1898년의 풍자 이미지에는 대외관계를 결정하는 데 사회진화론에 바탕을 둔 생물학적, 인종주의 이데올로기보다는 '힘의 정치'의 국제관계가 더 중요한 요소였음이 드러났다. 식민 대상국의 이미지가 정책에 따라 계속 바뀌었고, 제국의 부침에 따른 피지배국가 또는 제국의 정형과 상징도 변화했다.

　반제국주의를 이미지로 은유한 경우에는 이상주의를 표방한 팽창에 대한 비판이나 주로 전후 문제를 둘러싼 논의가 주류를 차지했다. 그럼에도 인종주의 이데올로기를 비판하는 인도주의적(humanitarian) 논의는 적어도 1898년에는 거의 찾아 볼 수 없었다. 팽창주의를 옹호한 이미지에 견주어 반제국주의의 풍자 이미지가 수적으로 훨씬 적었던 것으로 보아 1898년의 반제국주의는 그리 동시대인들의 주목을 받지 못했던 것 같다.

제5장의 〈시국도〉처럼, 풍자 삽화는 굳이 말이 없어도 일목요연하게 메시지를 전달하면서 깨우침을 준다. 미디어 이미지와 캡션은 독자들이 쉽게 이해하고 폭넓게 공유하는 가치와 관심을 그리고 밀한다는 점에서 강력한 소통의 매체이다. 미디어가 가지는 영향력을 한 눈에 보여주는 정치풍자화는 특정 사회의 풍부한 상징과 신화, 가치 및 규범과 밀접하게 연관되어 있다.

그렇지만, 정치풍자 이미지와 캡션 사이에는 다소 간극이 있었다. 이미지 자체는 반제국주의 은유이지만, 이미지를 설명하는 텍스트나 캡션에는 팽창주의를 주장하는 메시지가 담겨 있는 경우도 있고, 그 반대의 경우도 있다. 이는 이미지와 언어가 다르게 소통한다는 것을 말해준다. 한 장의 이미지와 텍스트 사이에는 기대, 상상력, 유머, 재미, 냉소, 자기 풍자 등 다양한 요소가 내포되어 있다. 이것이 바로 정치풍자화만이 갖는 생명력 또는 함의라고 볼 수 있다. 이 점에서 정치풍자화의 이미지와 텍스트 사이의 종합적인 분석 없이 친제국주의와 반제국주의 언론 성향을 구분하는 것은 다소 위험하고 한계가 따른다.

1898년의 풍자 이미지에서는 특정 어젠다에 찬성하거나 반대하면서도, 모호한 태도로 텍스트든 이미지든 뒤덮는 형태가 보편화했던 것 같다. 이는 마치 이미지와 캡션에 복잡 다양한 기대, 욕구를 한꺼번에 다 담아내어 보는 사람으로 하여금 메시지를 스스로 찾아보게 만드는 효과를 노린 것이 아닌가 한다. 이는 단번에 정보와 유머, 풍자를 곁들여 독자의 시선을 사로잡아야 할 정치풍자화와 이를 표방한 황색 저널리즘의 속성이기도 하고, 1898년 제국주의에 대한 동시대인들의 복합적인 심리를 그대로 반영한다는 점에서 예술적이기도 하다.

사실 독자들이 미디어의 풍자 이미지와 어떻게 소통하고 공감하는가를 정확히 입증할 수는 없다. 독자들은 한 장의 이미지에 담긴 은유를 세세하게 분석하기 보다는 스치듯 지나가는 인상으로 소통한다. 이 때문에 풍자 이미지와 캡션은 상반된 메시지를 동시에 담아낼 때가 많다. 팽창주의, 반제국주의, 양심과 도덕, 외교의 이상주의와 현실주의 등을 이중 삼중으로 덧칠해 놓음으로써 다양한 독자들의 욕구에 부응하는 것이다.

풍자 이미지와 그 이미지를 설명하는 캡션 사이의 간극을 메우고 파악하는 것은 전적으로 독자들의 몫이다. 독자들은 이미지의 은유와 캡션의 분명한 메시지 사이에서 제국주의를 지원할 수도, 또는 반대할 수도 있었다. 뿐만 아니라, 그곳에 상상력, 기대, 욕구, 때로는 비판과 불평까지 쏟아낼 수도 있었다. 백년도 더 지난 지금 우리는 1898년의 자료들을 바탕으로 당대를 구체적으로 반추하여 현재를 파악해보았다. 1898년의 독자들이 곧 당시 역사를 움직인 사람들이었기 때문에 정치풍자화의 함의는 당시 사람들에게도 중요했지만, 오늘을 사는 우리에게도 이렇게 중요하다.

주(註)

1) Kensas City Journal, 1898.8.29.
2) Milton Friedman, 'The Island of Stone Money', The Hoover Institution, Stanford University, Feb., 1991. Working Papers in Economics E-91-3.
3) 폴 케네디, 이일수 외역, 《강대국의 흥망》 (한국경제신문사,1988), 242쪽, 표14, 245쪽, 표20.
4) 에릭 홉스봄, 《역사론》 (민음사, 1997), 제20장 야만주의-사용자 안내, 405~425쪽 참조.
5) 석화정, 〈풍자 이미지를 통한 1898년의 재구성 – 인종주의 너머 "힘의 정치"로〉 《서양사론》, 제126호. 2015.9.
6) 앤드류 포터, 석화정 역, 《유럽제국주의의 현황과 과제》 (한양대출판부, 2001), 45~47쪽.
7) 데이비드 메이슨, 김승완 옮김, 《처음 읽는 유럽사》 (사월의 책, 2011), 180~181쪽.
8) The Anaconda Standard.1898.11.6.
9) Paillard Y.G. *Expansion occidentale et dépendance mondiale, fin du XVIIIe siecle 1914* (Armand Clolin, 1994), p.166.
10) The Herald(LA), 1898.8.29.
11) 폴 케네디, 위의 책, 245쪽, 표19.
12) 같은 책, 245쪽, 표20.

13) The San Francisco Call, 1898.5.15.

14) 조선일보, 2015년 12월 1일자.

15) 원문은 불어. Jan Vandersmissen, The king's most eloquent campaigner (…) Emile de Laveleye, Leopold II and the creation of the Congo Free State, BTNG/RBHC, XLI, 2011, p.22.

16) Thomas Pakenham, *The Scramble for Africa: WhitemmMen's Conquest of the Dark Continent from 1876 to 1912*(Avon Books, 1992), p.22.

17) Scott B.Cook, *Colonial Encounters in the Age of High Imperialism*(Longman World History Series, 1996), pp.33~65.

18) Punch, 1906.

19) Harlow and Mia Carter Edited, *Archives of Empire, Volume II. The Scramble of Africa* (Duke University Press, 2003),pp.20~21;Joseph Conrad, "An Outpost of Progress", *Imperialism in the Modern World*, William D.Bowman, Frank M.Chiteji, J.Megan Greene (Pearson Education Inc., 2007),pp.33~36.

20) *Imperialism in the Modern World*, p.36.

21) *Archives of Empire, Volume II. The Scramble of Africa*, pp.28~42.

22) David Bindman, *How the French became frogs: English caricature and a national stereotype*(Appolo Magazine LTD, 2003), pp.15~20.

23) The San Francisco Call, 1897.12.8.

24) The San Francisco Call, 1898.1.3.

25) George N.Curzon, *Problems of the Far East*(Elibron Classics, 1896), pp.279~80.

26) 앤드류 말로제모프, 석화정 역, 《러시아의 동아시아정책》(지식산업사, 2003), 157쪽, 주 98.

27) 같은 책, 157쪽, 주 97.

28) 석화정, 앞의 논문, 190쪽, 각주52.

29) V.Khvostov, "Problemy Zakhvata Bosfora v 90 kh godakh XIXveka", *Istorik Markist*, XX, pp.100~129, pp.107~109.

30) V.Khvostov, "Proekt Zahvata Bosfora v 1896 g, *Krasni Arkhiv*, XLVII, 1931, pp.50~70, "Blizhne Vostochnyi Krizis, 1895~97 gg, *Istorik Markist*, XIII, 1929; Die Grosse Politik, XII, nos, 2926, 2927,2928.

31) Erhan Afyoncu, *Ottoman Empire Unveiled* (Yeditepe, ?), p.101.

32) Erhan Afyoncu, p.102.

33) Evgeny Sergeev, *The Great Game, 1856~1907:Russo-British Relations in Central and East Asia*(Woodrow Wilson Center Press / Johns Hopkins University Press; Reprint edition, 2014).

34) Peter Hopkirk, *The Great Game* (Kodansha International:New York·Tokyo·London, 1990,1992).

35) 폴 케네디, 208, 242~243쪽.

36) Curzon, p.428.

37） Zara S. Steiner, The Foreign Office and Foreign Policy, 1898～1914, *Historical Journal*, VI, I(1963) pp.59～90.

38） Evan Thomas, *The War Lovers: Roosevelt, Lodge, Hearst, and the Rush to Empire, 1898*(Little, Brown and Company, 2010).

39） Minneapolis Journal, 1898.2.22; The Times, 1898.3.11;The Houston Daily Post,1898.3.21;New York World, 1898.3.12/23;The St Paul Globe, 1898.4.3; The Herald(LA), 1898.4.19/30(New York World 에서 전재)/5.11/15/28;Barton County Democrat. 1898.4.28;The Anaconda Standard, 1898.5.2; The Enterprise. 1898.5.4;The Scranton Tribune, 1898.5.11;The Caldwell Tribune., 1898.5.21; The Salt Lake Herald, 1898.5.30;The Daily Kentuckian, 1898.7.29.

40） Bonnie M.Miller, From *Liberatrion to Conquest: The Visual and Popular Cultures of the Spanish-American War of 1898(*University of Massachusettes Press, 2011),p.4;David Traxel, *1898 the Birth of the American Century*(Vintage Books, 1999), p.121.

41） Marie Elizabeth Lamb, Awake United States!(New Orleans, LA:1898), library.duke.edu/ digitalcollections/hasm_a89.

42） The Herald(LA), 1898.4.4/8; The Houston Daily Post, 1898.4.9.

43） The San Francisco Call, 1898.4.19;The Lebi Banner(University of Utah), 1898.4.19.

44） Rock Island Argus, 1898.4.20;The San Francisco Call, 1898.4.20.

45） Chicago Tribune, 1898.4.19;Marietta Daily Leader, 1898.4.21;The St. Paul Globe, 1898.4.22;Anaconda Standard, 1898.4.23;The San Francisco Call, 1898.4.22; The Houston Daily Post., 1898.4.22.

46） The Seattle Post－Intelligencer. 1898.5.1;The Houston Daily Post. 1898.5.2;The San Francisco Call, 1898.5.3/8;Marietta Daily Leader. 1898.5.5;The Herald(LA), 1898.5.5/16;Iron County Register, 1898.5.12.

47） The Herald(LA), 1898.5.6/19;New York Herald, Marietta Daily Leader, 1898.5.19;The Bourbon News, 1898.5.20; New York World, 1898.5.20; The Salt Lake Herald, 1898.5.20; Figaro(Wien), 1898.5.7.

48） The Herald(LA), 1898.7.28/31; The San Francisco Call, 1898.7.29/31.

49） Evening Star, 1898.8.13;The Wichita Daily Eagle., 1898.8.13;The Salt Lake Herald, 1898.8.13;The San Francisco Call, 1898.8.13; The Herald(LA), 1898.8.14.

50） The San Francisco Call, 1898.8.13;The Salt Lake Herald, 1898.8.13.

51） Boston Herald, 1898.12.4; The Saint Paul Globe.(＝New York Journal), 1898.12.5;Western News－Democrat., 1898.12.15.

52） The Salt Lake Herald, 1898.11.18;The Seattle Post－Intelligencier., 1898.11.22./29/30; The Houston Daily Post, 1898.11.30;The Herald(LA), 1898.12.9/10;Richmond Dispatch, 1898.12.18.

53） The Evening Star., 1898.11.22;The Salt Lake Herald, 1898.11.23; The Herald(LA), 1898.11.26.

54） Evening Star., 1898.11.22; The Salt Lake Herald, 1898.11.23; The Herald(LA),

1898.12.1;The Saint Paul Globe, 1898.12.5; The Houston Daily Post., 1898.12.9.

55) The Herald(LA), 1898.9.8; The Houston Daily Post. 1898.9.30.

56) The Herald(LA), 1898.11.14/20;The Richmond Dispatch., 1898.12.18.

57) Michael Patrich Cullinane, *Liberty and American anti−imperialism, 1898−1909*(New York:Palgrave Maclmillan, 2012), *The Journal of American History*(2013.6),pp.230−231; *American Historical Review*(2014.4), pp.535−556.

58) The Saint Paul Globe, 1898.2.1;The San Francisco Call, 1899.2.5; The Topeka State Journal, 1899.2.16.

59) Cameron County Press, 1898.10.13(Chicago Record에서 전재)

60) The Salt Lake Herald, 1898.7.4;The Wichita Daily Eagle, 1898.7.15.

61) The Evening Star.(Washington), 1898.6.1/7/25;The Hawaiian Star, 1898.6.3/8;The Herald(LA), 1898.6.11;The Hawaiian Star, 1898.6.23;The Hawaiian Gazette, 1898.6.24.

62) Boston Herald, 1898.8.8;Minneapolis Journal, 1898.5.7.

63) Luis Martinez−Fernandez, "Puerto Rico in the Whirlwind of 1898: Conflict, Continuity and Change," *Magazine of History* (Spring 1898).

64) The Herald(LA), 1898.8.11.

65) Edward Dicey, 'The New American Imperialism', *Nineteenth Century*(Sept., 1898), pp.487−501; Paul A. Kramer, "Empires, Exceptions, and Anglo−Saxons: Race and Rule between the British and "United States Empires, 1880−1910," *Journal of American History* 88(2002), p.1325; S.Tuffnell, 'Uncle Sam is to be Sacrificed; Anglophobism in Late Nineteenth Century Politics and Culture' *American Nineteenth Century History*(Vol.12, No.1, 2011), p.92.

66) Paul A. Kramer, p.1334.

67) 같은 논문, pp.1334−1335.

68) New York Times, The San Francisco Call, The Pensacola Journal, Washington Times, The Seattle Star, Salt Lake Tribune, New York Tribune, Kansas Agitator, Minneapolis Journal, Anaconda Standard, Scanton Wochenblatt, Omaha Daily Bee, Los Angeles Herald, The Ogden Standard, The Herald(LA), Deseret Evening News 등.

69) Jan Nederveen Pieterse, "White Negroes," Gender, Race and Class in Media:A Text Reader," ed.,Dines Gail and Jena M.Humez. Thousand Oaks, London and New Delhi:Sage Publications, 1995, p.25; Servando D.Halili JR., *Iconography of the New Empire*(University of The Philippines Press, 2006), pp.25−26.

70) Thomas G.Paterson, "U.S. Intervention in Cuba, 1898:Interpreting the Spanish− American−Cuban−Filipino War," *Magazine of History,* Vol.12, No.3, 1998;The Richmond Dispatch, 1898.8.7.

71) Minneapolis Journal, 1895.4.4/7.8.

72) New York World, 1898.2.3; The San Juan Islander, 1898.9.1.

73) New York World, 1898.3.12/6.17;The Bourbon News, 1898.4.15;Puck 1896.6.3; Evening Star.(Washington), 1898.7.23.

74) Michael H.Hunt, *Ideology and U.S. Foreign Policy*(Yale University Press, 1987), p.194.

75) Minneapolis Journal, 1898.7.8.

76) Evening Star.(Washington), 1898.6.25.

77) Philadelphia Inquirer, 1898.7.10.

78) Puck, 1898.9.7/8.3/5.11; The Bourbon News, 1898.4.15.

79) Captain Alfred T.Mahan to Senator Henry Cabot Lodge, Feb.,7, 1899.

80) Boston Globe, 1898.8.23/Harper's Weekly, 1898.8.27.

81) New York Journal, 1898.4.20; Evening Star.(Washington), 1898.4.16/7.23.

82) The Herald(LA), 1898.4.17; Minneapolis Journal, 1898. 9.8.

83) Julius W.Pratt, *Expansionists of 1898*(Johns Hopkins Press, 1936/Quadrangle Paperback, 1964), pp.279~316.

84) Louis A.Jr.Perez, *Cuba in the American Imagination; Metaphor and the Imperial Ethos*(The University of North Carolina Press, 2008), pp.24−94.

85) Leslie's Weekly, 1898.4.21.

86) New York World, 1898.2.28;The Houston Daily Post, 1898.3.24;Philadelphia Inquirer, 1898.3.27;Chicago Tribune, 1898.4.19; Baltimore Morning Herald, 1898.3.12;Chicago Tribune, 1898.5.1/4.2;The Bourbon News, 1898.4.15;Puck, 1898.9.7.

87) NewYorkJournal,1898.3.30/4.3/4.17;NewYorkWorld,1898.2.28/3.9;Puck,1898.9.7/Chicago Tribune,1898.3.18/4.2/5.1;Philadelphia Inquirer, 1898.3.20/3.24/4.4;Baltimore Morning Herald, 1898.3.12/3.20;The Herald(LA), 1898.7.16.

88) The Salt Lake Herald, 1898.5.28.

89) New York World, 1898.11.14.

90) Chicago Tribune, 1898.8.27;Chicago Inter Ocean, 1898.9.10;Washington Post, 1898.12.23;Leslie's Weekly, 1898.4.21;The Herald(LA), 1898.9.28.

91) The Salt Lake Herald, 1898.9.1; Evening Star, 1898.9.3; The Herald(LA), 1898.9.3.

92) The Houston Daily Post., 1898.9.27; The Herald(LA), 1898.9.28;The Houston Daily Post., 1898.9.29.

93) The Herald(LA), 1898.9.8./18/26;The Richmond Dispatch.(New York Herald에서 전재), 1898.9.25;The Kansas City Journal, 1898.9.28.

94) Boston Herald, 1898.8.8;Boston Globe, 1898.8.23.

95) Minneapolis Tribune(1901), Baltimore News(1906), Detroit News(1907), Toledo Blade(1907), Cleveland Leader(1908), Chicago Inter−Ocean(1905), New York World, 1901.6.14, Literary Digest, 1901.2.22(Minneapolis Journal 1901.2.23), St. Paul Pioneer Press, 1901.2.16(Literary Digest, 1901.2.22), Chicago Record Herald, 1901;Cleveland Leader, 1903.

96) The Herald(LA), 1898.8.11;The Houston Daily Post, 1900.3.1;St. Landry Clarion, 1900.4.28;Virginia−pilot, 1900.6.15; The Times, 1900.9.12;People's Voice, 1900.10.4.

97) The Salt Lake Herald, 1898.4.17.

98) Puck, 1898.6.1.

99) Punch, 1898.1.8

100) Harper's Weekly, 1897.2.27/7.24/Punch,1897.3.19/3.20/6.5/1898.2.19/G.Bigot, Greece and Turkey Album, 1897.

101) Puck, 1885.4.22/Harper's Weekly, 1887.1.1.

102) The Herald, 1898.11.4.

103) Der Floh,1897.11.21/1899.3.12/Minneapolis Journal, 1899.5.25/ Punch, 1899.5.10/3.15/1898.1.15/2.5/3.2.

104) Der Floh, 1898.4.3/ G.Bigot, *En Chine Album* 1898.

105) G.Bigot, *En Chine Album* 1898/G.Bigot, *In the Far East Album*, Feb., 1898/Francis Carruthers Gould, *Cartoons in Rhyme and Line*, pp.90-91.

106) Minneapolis Journal, 1899.4.11.

107) Puck,1898.12.7/1897.3.17/時事新報, 1898.8.18.

108) G.Bigot, *Old England in China 1898/In the Far East Album, Feb., 1898*;일본 스스로도 서양 열강과 동등한 남성 성인으로 인식하고 있었다(時事新報, 1899.4.1)

109) 石和靜,〈日本の國家イメージ〉, 和田春樹 外,《東アヅア近現代通史 II》(岩波新書, 2010), pp.110-111.

110) The Houston Daily Post, 1898.1.17;Puck, 1898.5.18.

111) Punch, 1898.6.4.

112) Punch, 1898.10.1

113) Punch, 1898.4.23; 영국의 일련의 고립 청산을 위한 동맹 교섭에 대해서는 김상수,〈영국의 고립 청산 외교〉(한양대학교대학원 박사학위 논문, 1992)참조.

114) The Herald(LA), 1898.5.9; The Kansas City Journal, 1898.10.7.

115) Chicago Tribune, 1898.8.24

116) Puck, 1898.12.7.

117) Puck, 1898.5.25/10.5.

118) Punch 1898.8.6.

119) Punch, 1898.3.26.

120) Whitelaw Reid, *Two Speeches at the Queen's Jubilee, London, 1898*(New York), p.9;Paul A.Kramer, 'Empires, Exceptions, and Anglo-Saxons:Race and Rule between the British and United States Empires, 1880-1910', *The Journal of American History*, vol.88, No.4, 2002, p.1328.

121) Minneapolis Journal,1898.5.18.

122) Puck,1898.5.25/6.8/6.9/11.29;Punch,1898.3.26;New York Herald, 1898.8.7.

123) Vladimir Lenin, Imperialism, the Highest Stage of Capitalism(Moscow:Foreign Languages Publishing House, no date, pp.141-44, 121-25, William D.Bowman, Frank M.Chiteji, J.Megan Greene, *Imperialism in the Modern World-Sources and Interpretation* (Pearson Prentice Hall, 2007), pp.88-89.

그림 출처

전화 (031) 955-4226~7 / 팩스 (031) 955-4228 / 인터넷 영문문패 www.jisik.co.kr / 전자우편 jsp@jisik.co.kr

풍자화로 보는 러일전쟁

석화징 / 303쪽 / 15,000원

《풍자화로 본 세계사 :1898》의 전작. 러일전쟁은 19세기 국제질서의 변화과정, 영·미의 직·간접적인 동아시아정책 등이 모두 압축되어 있어서 쉽게 이해하기 어렵다. 이 책은 당시의 풍자화를 통해 더 쉽고 재미있게 러일전쟁을 이해할 수 있도록 하는 데 일차적인 목적을 두고 있다. 역사적 상황을 재구성하기 위해 발행 연대가 대체로 분명한 삽화만을, 그리고 약간의 석명을 곁들이면 누구나 쉽게 이해할 수 있는 풍자화를 중심으로 책을 엮었다.

동아시아 철도 국제관계사

이노우에 유이치 지음 | 석화정 옮김 / 352쪽 / 18,000원

19세기 말~20세기 초의 동북아시아에 있었던 제국주의 열강들 사이의 파워게임을 철도사(鐵道史)를 통해 살펴보고 있는 책이다. 러시아가 아관파천 이후 한반도에도 그 세력을 확대하자, 영국은 청일전쟁 이후 급성장한 일본을 끌어들여 러시아 저지에 맞선다. 영국, 일본 등의 해양세력과 대륙세력을 대표하는 러시아 간의 경쟁을 저자는 당시의 철도에 주목해 설명하고 있다. 자칫 지루하기 쉬운 동북아시아 철도 경쟁을 흥미롭게 서술했다.

러시아의 동아시아 정책

A.말로제모프 지음 | 석화정 옮김 / 520쪽 / 25,000원

이 책은 로마노프의 《만주에서의 러시아》, 렌슨의 《책략의 균형》과 함께 이 분야 연구자의 3대 필독서로서, 그 가운데 가장 많이 읽히고 학계에서도 인용빈도가 가장 높다. 러시아의 동아시아정책이 러일전쟁 발발에 어떻게 영향을 미쳤는지를 밝힌 점에서 학술적으로도 큰 가치를 지닌다. 역자는 이 분야 전문연구자로서 국제학회 등에서 활발하게 활동 중이며, 뛰어난 어학력을 바탕으로 저자 말로제모프의 사실 인식 착오를 바로잡는 등 충실히 번역했다.

러일전쟁과 일본의 한국병합

최문형 / 200쪽 / 13,000원

우리 학자의 눈으로 본 러일전쟁. 러일전쟁은 단순히 당사국 두 나라의 전쟁만이 아니고 한국과 중국을 지배의 대상으로 본 동아시아의 패권전쟁이었다. 확대하자면 구미열강의 이해가 걸려 있는 복잡다기한 국제전쟁이며, 제1차 세계대전 전의 작은 세계대전이었다. 러일전쟁을 국제적 정황에 맞춰 전체적으로 조망했고, 특히 전후 일본의 한국병합에 대해 세밀히 다뤘다.

일본의 만주 침략과 태평양전쟁으로 가는 길

최문형 / 284쪽 / 18,000원

만주사변·중일전쟁·태평양전쟁은 내적으로 상호 연관된 일련의 한 묶음이다. 이 책은 한국과 만주가 러시아의 '남하정책'과 일본의 '대륙정책'의 교차점이던 시기에서 만주가 일본의 '대륙정책'과 미국의 '문호개방정책'의 교차점이 된 시기로 변이하는 과정을 다룬다. 또한 만주를 둘러싸고 9·18 이후 다시 벌어진 중·일의 대결 관계와 이에 대한 열강의 대응을 분석했다.

유럽이란 무엇인가

최문형 / 376쪽 / 20,000원

서유럽 여러 나라(스페인·홀란드·프랑스·영국)의 역동적인 근대 역사를 간명하고 생동하게 그린 책이 나왔다. 50여 년 동안 서양사를 연구해온 한국의 원로 학자가 알기 쉽게 쓴 책이기에 더욱 알차고 값지다. 저자는 영국이 대서양 시대로 접어든 뒤 스페인, 홀란드, 프랑스를 차례로 제압하고 최후의 승리자로서 군림할 수 있던 근간은 바로 영국의 산업 기반이었음을 강조하고 있다.

러시아의 남하와 일본의 한국 침략

최문형 신국판 / 375쪽 / 23,000원

저자는 구한말 대한제국이 일제 식민지로 전락하게 된 과정을 일본에만 초점을 맞추어 파악하는 틀을 벗어나서 미국 구미 열강의 자국 이해에 우선한 정책과 맞물려 빚어진 결과라는 참신한 주장을 전개한다. 오늘날의 현실은 '자유무역'의 외피를 두른 전면 시장개방과 상호 불평등의 관계가 씨줄 날줄로 복잡하게 얽힌 가운데 어느 한 가지의 선택을 강요받고 있다. 한반도를 둘러싼 강대국들의 정책 의도를 알아내는 해법의 실마리를 이 책에서 찾기를 희망한다.

일본의 한국병합 강제 연구

이태진 양장본 / 470쪽 / 30,000원

저자가 20년 넘게 한일 정부문서, 사료를 실증적으로 고찰한 연구를 집대성한 대작. 그에 따르면, 한국병합은 강제와 기만으로 점철된 군사강점이다. 25년 동안의 각종 공문서와 사료는 일본이 통감 섭정 체제 주체로 외교 협정들을 강제하고, 황제 서명을 위조하여 허위 친서들을 조작했음을 낱낱이 보여준다. 특히 저자는 국내에 거의 알려지지 않은 1911년 일본 육군성 편찬 극비 보고서인 《육군정사》를 분석, 한국주차군이 을사늑약 체결 당시 무력 동원의 주체였음을 명백히 입증한다.